Kleine Saarbrücker Stadtgeschichte

Hans Bünte

Kleine Saarbrücker Stadtgeschichte

Verlag Friedrich Pustet
Regensburg

Umschlagmotiv:
Saarbrücken und St. Johann um 1850.
Lithographie von Theodor Müller nach einer Zeichnung
von Karl Richard
(Foto: ullstein bild)

Bibliografische Information der Deutschen Nationalbibliothek

Die Deutsche Nationalbibliothek verzeichnet diese Publikation
in der Deutschen Nationalbibliografie; detaillierte bibliografische
Angaben sind im Internet über http://dnb.d-nb.de abrufbar.

www.pustet.de

ISBN 978-3-7917-2165-1
© 2009 by Verlag Friedrich Pustet, Regensburg
Umschlaggestaltung: Kulturdesign Anna Braungart, Tübingen
Gesamtherstellung: Friedrich Pustet, Regensburg
Printed in Germany 2009

Inhalt

Vorgeschichte 9

  Wenig gefunden, kaum dokumentiert,
     viel verloren gegangen 9
  Die römische Siedlung an der Saar 10

Vom Stift St. Arnual zur mittelalterlichen Stadt 14

  Das Stift St. Arnual im 6. Jahrhundert 14
    Die Stiftskirche 14
  Zum ersten Mal taucht der Name „Saarbrücken" auf 16
    Castellum Sarabruca 16
  Die Stauferburg 16
  Die Grafschaft Saarbrücken entsteht 18
    Der Freiheitsbrief 19
  Die Städte entwickeln sich 21
  Eine Gräfin bringt Saarbrücken in
    die Literaturgeschichte 23
  Von der Burg zum Renaissance-Schloss 24
    Das Ludwigsgymnasium 26
  Im Dreißigjährigen Krieg 26
    Ein Rentmeister berichtet 28
  Ein Friedensschluss ohne Frieden 28
    Die Odyssee eines Leichnams 29
  Saarbrücken wird französisch 30

Fürstenzeit 32

  Aschenputtel 32
  Klein-Versailles an der Saar 33
    Das neue Schloss 35

Ein Enzyklopädist als Landesherr 36
„Mitten auf einem schönen Platz ..." 37
Basilika St. Johann 39
Neues Leben auf dem Halberg 40
„Vortheile und Bequemlichkeiten"
durch die erste eigene Zeitung 40
Aufklärung? 42
Kohle und Eisen 43
Funkenwerfende Essen 44
Der Saarkran 45
Kartoffeln und Alaun 46
Goethe am „Brennenden Berg" 47
Fortschritt auf Pump 48
Fürst Ludwig: „Er lebte vergnüglich ..." 50
Das „Gänsegretel von Fechingen" 51
Refugium auf dem Halberg 52
Ehen werden im Himmel geschlossen 53
Ein elfjähriger Bräutigam 54
Einsturz der Alten Brücke 55
Alles Theater 55
Luassan oder: Problemlösungen auf der Bühne 56
„Vive la République" 58
„Das Schreckensjahr 1793" 59
Das Duell der Kanonen 60
Die Guillotine auf dem Schlossplatz 62
Assignaten: „Nachahmung wird mit
dem Tode bestraft." 63

Unter Napoleon 66

Das linke Rheinufer kommt zu Frankreich 66
Kohle, Stahl, Industrie 68
Das Saarbrücker Wochenblatt bleibt
eine Lokalzeitung 70
Unter dem Kaiserreich 71
Künstler-Idyll im Chaos 73
Husaren und Kosaken in Saarbrücken 74

Die preußische Provinzstadt	77
Saarbrücken muss sich bescheiden	77
Aufschwung	78
Die Dampfmaschine kommt	78
Schweinehirt und Mandelmilch	79
Im Vormärz	81
An Friedrich Wilhelm IV.	82
Die Öllampe baumelt über der Gasse	83
Die Eisenbahn kommt	84
Malstatt und Burbach, die Aufsteiger	86
Ein kaiserlicher Prinz schießt auf Saarbrücken	87
Die „Schultzen Katrin"	89
König Stumm auf Schloss Halberg	90
„Aus Dämmerung und Nebel" das	
20. Jahrhundert	92
St. Johann überflügelt Saarbrücken	93
Die Vereinigung der drei Saarstädte	95
Ein neues Wappen	97
„Der König ruft"	97
Vom Völkerbund zum Völkerkrieg	100
Das „Saargebiet" entsteht	100
Widerstand	101
Mark und Franc schaffen eine Zweiklassengesellschaft	101
Die Stadt macht sich	102
Von Barockmusik bis zu Hauptmanns *Ratten*	104
Interesse für Literatur	105
Der Flugplatz in St. Arnual	105
Im Vorfeld der Saarabstimmung	106
15. 1. 35	108
Saarbrücken als „Bollwerk im Westen"	108
Kampf gegen die Wohnungsnot	110
Das lange Warten auf den eigenen Sender	112
Radiohören – anfangs ein teures Vergnügen	112
Krieg und Gau Westmark	113

Saarbrücken – Sitz einer europäischen Institution? 117

    Die Stunde Null 117
    Die Saar wird von der französisch besetzten Zone
        abgetrennt 118
    Pingusson und seine Vision vom ganz anderen
        Saarbrücken 119
    Hauptstadt eines Saarstaates 121
    Die kulturelle Offensive 122
        Universität des Saarlandes 123
    „In Saarbrücken wird gebaut, gebuddelt und
        gebastelt" 125
    Sitz einer europäischen Institution? 127

Hauptstadt eines neuen Bundeslandes 129

    Der „Tag X" 129
    Lebhafter Ausbau in den 1960er-Jahren 130
        Der Deutsch-Französische Garten 131
        Der 1. FC Saarbrücken 132
    Das Stadtbild verändert sich 133
        Städtepartnerschaften 134
    Eine moderne Stadt entdeckt ihre Altstadt 135
    Das kulturelle Angebot ist unerwartet groß 136
    Saarbrücken heute ... auf dem Weg ins Morgen 138

Zeittafel 141

    Stadtoberhäupter seit 1900 147
    Literatur 148
    Register 149
        Ortsregister 149
        Personenregister 151
    Stadtplan 156
    Bildnachweis 158

Vorgeschichte

Wenig gefunden, kaum dokumentiert, viel verloren gegangen

Der Backenzahn eines Mammuts unter der heutigen Mainzer Straße. Der Schädel eines Ur in Güdingen, Biberzähne bei Brebach. Holzkohle und Reste von Nashorn und Altelefant in einer Höhle. Feuerstein-Absplisse von mittelsteinzeitlichen Werkzeugmachern auf dem Sonnenberg. Aus dem Neolithikum: Steinbeile in St. Arnual und St. Johann. Ein Hammer bei der Julius-Kiefer-Straße, ein Webgewicht (?) auf dem Nussberg. In einem privaten Vorgarten ein Menhir: der Spillenstein von Rentrisch.

Insgesamt ist im Saarbrücker Raum keine nennenswerte vorgeschichtliche Besiedelung nachzuweisen. Erst zwischen 1100 und 800 v. Chr. werden die Flussterrassen besiedelt. Aus der Bronzezeit fanden sich Depots von kupfernen Schmuckringen, Beile, Sicheln und Lanzenspitzen, Wagenbeschläge. Aus der Urnenfelderkultur Gewandnadeln, ein Dolch, ein Messer. Aus der Eisenzeit: Grabhügel, ein reich verziertes Gürtelblech, Hinweise auf Eisenschmelzen um 750 v. Chr. Alles nur karge Funde. Dilettantisch geborgen, ungenau dokumentiert, häufig wieder verloren gegangen.

In den letzten Jahrhunderten vor Beginn unserer Zeitrechnung bewohnt der keltische Stamm der Mediomatriker die Gegend der heutigen Stadt Saarbrücken. Eine bäuerlich strukturierte Gesellschaft, die Ackerbau und Viehzucht betreibt, aber auch erstaunliche handwerkliche Fähigkeiten besitzt und weiträumige Handelskontakte pflegt. Waren es zuvor also nur die guten Ackerlagen, wird nun auch das Waldgebiet besiedelt; die Zahl der gefundenen Gräber deutet auf eine sprunghaft angestiegene Bevölkerung. Keltische Stammeszwistigkeiten und drohende Germanenzüge veranlassen den Bau von Volksburgen (ähnlich dem Hunnenring von Otzenhausen): eine Fliehburg im Stiftswald, die vielleicht auch Kontrollstation war über die unten verlaufende alte Straße von der Mosel zum Rhein, mit einem 300 Meter langen Wall und 1,5 Hektar Fläche für die Hauptburg.

Wichtigstes Fundstück ist eine keltische Goldmünze in St. Arnual, eine „Philipper-Imitation", also die Nachprägung einer Münze Philipps II. von Makedonien.

Die römische Siedlung an der Saar

Mit der Eroberung Galliens durch die Truppen Caesars wird das gesamte linke Rheinufer von den Römern besetzt. In den Jahren 16 bis 13 v. Chr. gliedert der römische Kaiser Augustus die eroberten Gebiete und überträgt die Verwaltung der ansässigen Oberschicht. Die Mediomatriker gehören nun zur Provinz *Belgica* mit Sitz im heutigen Reims.

Eine bedeutende Fernstraße lief von Rom über Toul, Metz und Trier nach Köln. Zwischen Halberg und Saar kreuzte sich diese Straße mit der von der Champagne zum Oberrhein; Fuhrleute, Soldaten und Kaufleute brauchten hier einen Ruhepunkt mit Gastwirten, Hufschmieden und Händlern, vielleicht einem Arzt. Im Dreieck zwischen der heutigen Mainzer Straße, der Saar und dem Halberg entsteht im 1. Jahrhundert n. Chr. ein *Vicus*, ein Markt-

Um 1800 vor unserer Zeitrechnung wurde dieser Menhir, heute „Spillenstein" genannt, in Rentrisch aufgestellt. Im Mittelalter endete hier das Geleitrecht der Grafen von Saarbrücken.

flecken mit festen Häusern und Kellern, mit Heißluftheizungen, oft auch mit Bädern. Eine Brücke mit Steinpfeilern wird errichtet, im *Vicus* ein Steinpflaster von sechseinhalb Metern Breite gelegt. Eisenschlacken und ein Amboss wurden gefunden, Töpferei, Kleingerät aus Knochen, Bronze und Eisen. Die gesamte Siedlung hat eine Fläche von etwa 30 Hektar, recht viel für damalige Verhältnisse.

Zwei Goldkettchen kamen zutage, auch ein Skalpell und weiteres Gerät, möglicherweise aus dem Besitz eines Chirurgen. Eine Scherbe aus einer Villa am Saarufer trägt den Namen „Masusus" – er ist der einzige Bewohner, dessen Namen wir damit kennen. Zwei Friedhöfe lagen außerhalb der Siedlung.

Mit wachsender Größe des *Vicus* reichten wohl die Brunnen nicht mehr aus, so dass um die Mitte des 2. Jahrhunderts eine Wasserleitung mit mannshohem Stollen ausgehauen wurde, die vom „Römerbrünnchen" am Schwarzenberg über den Kieselhumes zur Siedlung führte. Ein Meilenstein auf dem Donon, den ein Lucius Vatinius Felix aus dem 62 Meilen entfernten *Vicus Saravus*, einem Gelübde gehorchend, Gott Merkur zu Ehren setzte, trägt den Namen „Vicus Saravus"; wenn die Entfernungsangabe zutrifft, ist dies wohl die erste Nennung des Namens der Siedlung.

> „Längst schon ruft schifftragend die Saar mich
>   mit rauschenden Fluten,
> Stolz im Wellengewand, die weit durchschweifte
>   die Lande,
> Um am Palaste des Kaisers, ermüdet vom Wege,
>   zu münden."

Aus dem lateinischen Preisgedicht „Mosella" des Prinzenerziehers am Kaiserhof in Trier, Decimus Magnus Ausonius, 371 n. Chr.

Im *Vicus* gab es neben den Verehrern der alten Götter auch Anhänger anderer Religionen wie des Mithras-Kultes. Für sie wurde am Halberg in halber Höhe eine Felsgrotte zu einem Hauptraum mit zwei seitlichen Podien erweitert, der vorne durch einen hölzernen Vorbau gegen das Tageslicht abgeschlossen war – Mithras verehrte man in völlig dunklen Räumen. Ursprünglich stand dort ein Kultbild des stiertötenden Gottes. Als Fürst Ludwig von Nassau-Saarbrücken um 1770 die Grotte ausräumen ließ, machte man vielerlei Funde, darunter zehn viereckige Säulen mit halb erhabenen Mannsfiguren und Schriftzeichen, die der Hofgärtner Köllner als „Hieroglyphen" bezeichnete. Heute vermutet man, dass die Figuren aus dem Mittelalter stammten und gotische Schriftzeichen trugen, die Köllner nicht zu deuten wusste. Schlimmer ist, dass die Figuren von den Arbeitern zerschlagen und zur Wegbefestigung verwendet wurden.

Ähnlich traurige Folgen hatte die Aufforderung des Fürsten, das Gelände um den Halberg urbar zu machen: Eine primitive Wühlerei begann, bei der ungezählte zutage tretende Fundstücke des römischen *Vicus* verloren gingen. Mosaikplättchen und Ziegel der kunstvollen römischen Bodenheizung wurden als Schutt beiseitegeworfen, weder Funde noch Fundorte dokumentiert – und damit wurde ein für allemal die Möglichkeit vertan, mehr über das römische Saarbrücken zu erfahren. Der Saarkanalisierung von 1862–1866 fielen auch die letzten Reste der römischen Saarbrücke zum Opfer.

Um 275/76 durchbrechen Franken und Alamannen den Verteidigungsgürtel am Rhein und dringen in die *Provincia Belgica* ein. Beim zweiten Ansturm der Alamannen im Jahre 352 wird wohl der größte Teil des *Vicus* zerstört. Kaiser Julian unternimmt in den Jahren 357 und 358 Gegenangriffe, ebenso Kaiser Valentinian I., der Trier zu seiner Hauptstadt macht. Die Saarlinie wird befestigt; drei Kastelle im lothringischen Saarburg, in Dillingen/Pachten und in Saarbrücken sichern die Flussübergänge. Doch es ist schon zu spät: Das Kastell beim *Vicus Saravus* mit drei Meter dicken Mauern und vier Rundtürmen von rund sechseinhalb Metern Durchmesser wird nicht mehr fertig, die Siedlung verfällt. Eines der letzten Zeugnisse ist eine Münze des Kaisers Honorius (393–423).

Noch in der Mitte des 19. Jahrhunderts waren die römischen Ruinen in den Feldern deutlich zu erkennen. Leider zerstörte der schwere Bombenangriff von 1944 das Konservator-

Anhänger der Mithras-Religion im römischen Vicus bei Saarbrücken erweiterten im 3. Jahrhundert diese Naturhöhle am Halberg zu einer Kultstätte. Später beherbergte sie einen Einsiedler, und in der Fürstenzeit wurde sie zur barocken Festkulisse.

amt und die dort lagernden ersten wissenschaftlich fundierten Forschungsergebnisse aus den 1920er-Jahren.

Ende des 19. Jahrhunderts ließ Carl Ferdinand von Stumm in der Mithrashöhle eine lateinische Inschrift anbringen, der zufolge „in diesem Tempel, der nahe des römischen Saarbrückens gelegen ist und der einstmals den Opferungen der Druiden gewidmet war, der heilige Arnould, der Bischof von Metz, den Einwohnern der Saar das Evangelium gepredigt" habe. Leider ist dies nur eine Legende.

Vom Stift St. Arnual zur mittelalterlichen Stadt

Das Stift St. Arnual im 6. Jahrhundert

Im Saarbrücker Raum folgt nun eine dunkle Phase. Auch wenn die Fernstraßen und die Brücke am Halberg sicher weiter genutzt wurden, spricht vieles für eine tiefgreifende Entvölkerung. Bis zur Zeit um 600 gibt es keine schriftlichen Nachrichten oder archäologischen Zeugnisse. Frühester Fund ist ein merowingischer Reihengräberfriedhof aus den Jahren um 600 n. Chr. mit Grabbeigaben. Unter dem St. Johanner Markt wurde neben römischen Ziegeln und einer Merkurstatuette Topfgeschirr aus dem 9. Jahrhundert entdeckt, auf dem Schlossberg tauchten karolingische Scherben auf. Eine frühmittelalterliche Besiedelung wird auch in Malstatt vermutet, wo ein fränkisches Kurzschwert gefunden wurde.

Auf dem westlichen Saarufer entwickelt sich dort, wo später die Stiftskirche St. Arnual errichtet wird, vermutlich das Dorf Merkingen. Kurz nach 600 schenkt der merowingische König Theudebert II. diese Siedlung dem Bischof Arnuald von Metz. Über den Ruinen einer römischen Villa wird die erste Kirche für ein Chorherrenstift errichtet, das für die Seelsorge auf dem Lande sorgt und später Grablege des Bischofs wird. Bald erhält Merkingen dessen Namen: St. Arnual. Das Stift gewinnt in der Merowingerzeit an Bedeutung und wird gelegentlich sogar als zweiter Sitz der Metzer Bischöfe genannt. Ihm unterstehen viele Filialkirchen, darunter die Kapellen in St. Johann und Saarbrücken. Im 13./14. Jahrhundert entsteht dann in St. Arnual die heutige Stiftskirche, eine dreischiffige gotische Basilika, die später die Grablege der Grafen von Nassau-Saarbrücken bildet.

> **Die Stiftskirche**
> Über den Resten einer römischen Villa entstand in St. Arnual bald nach 600 eine Kirche in Form eines einfachen Saalbaues,

Über den Ruinen einer römischen Villa und eines Vorgängerbaues wurde um 1290 die Stiftskirche St. Arnual fertiggestellt.

der in den folgenden Jahrhunderten erweitert wurde. Die heutige Kirche, eine gotische Basilika, wurde in ihren ältesten Teilen wohl um 1291 vollendet. 1315 begann der Bau des Turms, um 1320–30 folgte das Schiff. Als Grablege der Grafen von Saarbrücken weist die Kirche eine Reihe von bedeutenden Grabdenkmälern auf: einen Grabstein für den Stiftsherrn Theoderich von 1222, eine besonders schöne Tumba der Gräfin Elisabeth, geb. Gräfin von Lothringen, das Grabmal für Graf Johann III. und seine Gemahlinnen von 1472, Wandgräber des Grafen Johann Ludwig und seiner Söhne von 1559 sowie ein besonders anrührendes Wandgrab des mit zwei Jahren verstorbenen Grafen Moritz. Von 32 Ahnenwappen umgeben ist das sechseinhalb Meter hohe Grabmal des Grafen Philipp III. (gest. 1602) und seiner beiden Gemahlinnen. Vom 17. Jahrhundert an wurde die Schlosskirche in Saarbrücken Grablege der Grafen und Fürsten von Saarbrücken.

Zum ersten Mal taucht der Name „Saarbrücken" auf

Ein für Saarbrücken wichtiges Dokument stammt aus dem Jahr 999. Da beklagt sich Bischof Adalbero II. von Metz (984–1005) beim jungen Kaiser Otto III., dass ihm und der Metzer Bischofskirche vom *castello sarabruca*, von der Saarbrücker Kaiserburg, *intolerabilia*, unerträgliche Nachteile (die nicht näher erläutert werden), erwüchsen, und bittet um Abhilfe. „Nicht zuletzt um des Kaisers Seelenheil willen", wie der Bischof vorsichtshalber betont. Daraufhin verfügt der Kaiser am 14. April 999 in Rom, dass die Burg mit dem Gut Völklingen, Quierschied und dem Warndt dem Bischof zu Eigen gegeben werde. In dieser Urkunde taucht er also zum ersten Mal auf, der Name Saarbrücken: *Castellum Sarabruca*.

> **Castellum Sarabruca**
> Über die Herkunft des Namens gibt es viel Kopfzerbrechen, denn im Jahre 999 verfügte Saarbrücken ja über keine Brücke, und die „Alte Brücke" wurde erst ab 1546 gebaut. Oder war die drei Kilometer entfernte Römerbrücke am Halberg gemeint? Da sie noch im Mittelalter benutzt wurde, ist das für manche Forscher selbstverständlich. Andere denken an den Burgfelsen und den germanischen Begriff für „Felsen", der heute noch im Wort „Brocken" weiterlebt und sich auch auf den voluminösen Turm beziehen könnte. Am wahrscheinlichsten ist die Deutung, dass der Name Saarbrücken sich zurückführen lässt auf das frühalthochdeutsche *Sara-bruggja*.

Die Stauferburg

Wie auch immer – diese Burg lag auf dem schroff abfallenden Burgfelsen, der ursprünglich bis dicht an den Fluss heranreichte und vermutlich schon in römischen Zeiten bebaut war. Von hier aus konnte der Verkehr auf dem Wasser und auf der wichtigen Straße von Oberitalien nach Flandern überwacht werden. Man stieg von der südöstlich gelegenen Siedlung durch einen in den Fels getriebenen Stollen mit Linkskrümmung aufwärts, kam über einen äußeren Hof zur Vorburg und dann zur eigentlichen Burg mit dem mächtigen Bergfried; er konnte bei Belagerungen als letzte Zuflucht dienen. Beim Wiederaufbau der 1168 beschädigten Burg wurde der Zugang auf das westlich gelegene Plateau, den heutigen Schlossplatz, verlegt und mit ihm die kleine Siedlung, deren Umfang etwa dem heutigen Nanteser Platz entsprochen haben wird. An der Stelle der heutigen Schlosskirche wurde ab 1261 die Nikolauskapelle errichtet.

Eine Mauer schützte das Städtchen, etwa zwölf Meter hoch, mit Türmen gesichert und so dick, dass die Wächter auf ihr laufen konnten. In Richtung St. Arnual öffnete sich die Rauschenpforte und am Westende des heutigen Nanteser Platzes die Marktpforte mit zwei Türmen, der später ein zweites Tor vorgesetzt wurde. An der Stelle der heutigen Friedenskirche stand ebenfalls ein Turm, von dem aus die Stadtmauer durch die heutige Wilhelm-Heinrich-Straße bis zum Saartor an der Fähre lief.

Der nassauische Archivar Johann Andreae (um 1570–1645) erlebte die alte Burg noch vor dem Renaissance-Neubau und überlieferte, was er sah – das Herrenhaus, die Burgkapelle, Wirtschaftsräume und den hohen Turm, von dessen nur mit Leitern erreichbarer Spitze aus man über den Triller habe sehen können, eine strategisch unschätzbare Position. Zwei Schöpfbrunnen, die bis zum Saarspiegel hinabreichten, versorgten mit Wasser, und ein unterirdischer Gang führte im Belagerungsfall zur Saar.

Auch nach der Beschwerde von 999 gibt es nicht viele Nachrichten über Saarbrückens Geschichte jener Zeit. *Mettis ab Henrico obsidetur et Sarebrugka debellatur* – diese magere Notiz zum Jahr 1009 verweist auf einen Zug König Heinrichs II. gegen Metz, wobei er auf dem Rückweg die Burg Saarbrücken erobert. Von der „Stadt" oder wenigstens einer Siedlung ist nichts erwähnt.

Die Grafschaft Saarbrücken entsteht

Nachdem der Metzer Bischof Adalbero II. um 1100 die Grafen vom Saargau mit der Burg belehnt hat, nennen diese sich bald Grafen von Saarbrücken. Der erste in der langen Ahnenreihe ist Graf Sigebert († vor 1118). 25 Grafen und Gräfinnen setzen die Dynastie fort, ehe die Besitzungen an die Usingische Linie der Nassauer fallen und die Fürstenzeit beginnt – zu viele also, um sie hier lückenlos vorzustellen, zumal es mehr um Saarbrücken als Stadt geht, die nicht das einzige Interessengebiet der Grafen war. Vom Besitz und vom Rang her gehörten sie zu den Spitzen des Reichsadels und waren mehr an den Höfen der Bischöfe, Könige und Kaiser zu finden als in ihrer Residenz. Erst im 15. Jahrhundert wird die Burg Saarbrücken bevorzugter Wohnsitz der Grafen.

Hier also nur einige Streiflichter, die manchmal sogar recht glanzvoll ausfallen. Da ist zum Beispiel Agnes, Enkelin jenes Dynastiebegründers Sigebert, die 1222 durch Heirat mit dem bayerischen Herzog Otto II. die Stammmutter der Wittelsbacher wird. Ihr Bruder, als Simon I. der nächste Saarbrücker Graf (1135–1180), begrüßt im Juni 1147 das französische Kontingent des 2. Kreuzzuges unter Führung von König Ludwig VII., als es, von Metz kommend, in St. Arnual Rast einlegt. Welch ein Schauspiel für die dörfliche Bevölkerung! Das festliche Mahl im Stift für König und Gefolge liefert der Trierer Erzbischof Albero. Über den Rückweg wird wohlweislich kein Wort verloren – der Kreuzzug endet in einem Fiasko.

1168 wird die Burg Sarebrugka auf Befehl von Kaiser Barbarossa „gebrochen" (*confractum*, also weder *deletum* noch *destructum*, was auf eine Zerstörung deuten würde) – eine Demütigung des Grafen, aber keine Vernichtung seiner Existenz. Jedenfalls kann Simon II. (1182?–1207?) zwei Jahrzehnte später Barbarossa sogar als Gast begrüßen und mit ihm im Warndt auf Jagd gehen. Erst der dritte Simon (1207?–1234?) tut auch einmal etwas für seine Residenz: Als Teilnehmer des 5. Kreuzzuges lernt er in Ägypten den kurz zuvor in Akkon gegründeten Deutsch-Ritterorden kennen und stiftet nach seiner Rückkehr 1227 eine Niederlassung im Westen Saarbrückens, die sich der Armen- und Krankenpflege widmet. Der Deutschmühlenweiher und die Deutschherrenkapelle in der Moltkestraße (heute das älteste Bauwerk Saarbrückens) erinnern daran.

Da seine männlichen Erben vorzeitig sterben, erreicht Simon III. beim Metzer Bischof, dass eine weibliche Erbfolge möglich und Loretta, die älteste seiner vier Töchter, Gräfin wird. In einer ihrer Urkunden von 1267 taucht nun auch erstmals der Name St. Johann auf. Nach Lorettas Tod, 1271, setzt ihre Schwester Mathilde durch, dass ihr Sohn aus erster Ehe, Simon von Commercy (eine kleine Herrschaft an der Maas) die Nachfolge antritt. Damit übernimmt das Haus Saarbrücken-Commercy die Grafschaft. Der räumliche Wechsel zwischen beiden Herrschaften und das Engagement aller drei Grafen aus dieser Linie in Diensten der Kaiser und der französischen Könige sind der Entwicklung Saarbrückens natürlich nicht gerade förderlich.

Immerhin wird das Städtchen inzwischen zur Stadt gewachsen sein, ist befestigt und verfügt über einen Markt. Nur eins fehlt noch: städtische Freiheit. Und die erhalten die Bürger im Jahre 1322 durch Graf Johann in Form eines Freiheitsbriefes.

Der Freiheitsbrief

Der Freiheitsbrief und die Stadtrechte von 1322 *an die stat Sarbrucken und Sente Johan dat dorf* regeln die Rechte und Pflichten der Bürger, geben ihnen eine Beteiligung an der Stadtverwaltung und bieten der Doppelstadt die Möglichkeit zu eigenständiger Entwicklung. Übrigens ist Häme über „dat dorf" nicht angebracht: Der Brief ist an die *burgere in den zwei steden* gerichtet. Und nicht nur an die *burger, sondern auch an die burgerinnen*.

Der Freiheitsbrief Graf Johanns bestimmt auch, dass die Bürger beider Städte alljährlich Männer für das gemeinsame Stadtgericht wählen (jede Stadt hat außerdem ihr eigenes), von denen der Graf einen zum Meier, einen weiteren zum Heimmeier und die übrigen sechs zu Schöffen bestellt. Der Meier ist höchster Beamter beider Städte, vertritt die Bürgerschaft beim Grafen, zieht Strafen und Steuern ein und ist für öffentliche Ruhe und Sicherheit verantwortlich. Die militärische Gewalt allerdings kann

Graf Johann von Saarbrücken verleiht 1322 der *stat Sarbrucken und Sente Johan dat dorf* die Freiheitsrechte.

er nur gemeinsam mit dem Schultheiß ausüben. Daneben gibt es den Bürgermeister, den Büttel als Hilfspersonal beim Gericht, den Lückenbeseher (zur Begutachtung von Schäden), Torschließer, Nachtwächter, Brotwieger, Fleischschätzer und weitere Funktionen.

Vergehen und Verbrechen werden häufig mit Geldstrafen geahndet. Beleidigung kostet 30 Pfennig, blutende Körperverletzung („außer an der Nase") 30 Schillinge, also das Zwölffache, Kuppelei wird mit zweieinhalb Pfund (= 50 Schillinge) bestraft. Hexenprozesse mit Anwendung der Folter gibt es seit dem frühen 16. Jahrhundert, und die Straße „In der Galgendell" bezeichnet die Hinrichtungsstätte am Rande des heutigen Deutsch-Französischen Gartens. Der Henker war gleichzeitig auch Folterknecht, beseitigte Tierkadaver und leerte die Abortgruben. Verständlich, dass er nicht in geweihter Erde begraben werden durfte.

Die Städte entwickeln sich

Von der zweiten Hälfte des 13. Jahrhunderts an läuft ein Teil des Verkehrs von Oberitalien über Süddeutschland durch das Saartal weiter zu den Messen in der Champagne sowie nach Flandern und Brabant, „auch denen von Venedien, uß Meilant, von Thuskan, uß Burgundien, von Jenff", wie es in einem Dokument von 1455 heißt. Zum Übernachten nutzen Pilger und Wallfahrer die Deutschordenskommende, daneben entstehen früh Herbergen, deren Namen seit Ende des 16. Jahrhunderts öfters genannt werden. Die älteste hieß „Zum Horn", und „Zum Stiefel" ist heute noch zu lokalisieren.

Dieser rege Betrieb belebt die ganze Stadt. Handel und Handwerk profitieren, die Bürger erfahren, was in der „großen, weiten Welt" geschieht, und die Zölle und Geleitgelder der Kaufleute werden eine wichtige Einnahmequelle der Grafen. Transporte auf der Saar bleiben frei, wohl weil die Doppelstadt zum Umladen von Fuhrwerken auf Schiffe genutzt wird. Die

Deutschordenshaus und -kapelle in einer Darstellung des 19. Jahrhunderts.

„saraponte" selbst, die alte Saarbrücke, verfällt, und zwischen Saarbrücken und St. Johann gibt es das ganze Mittelalter hindurch nur Fährverbindungen, die sowohl bei Niedrig- als auch bei Hochwasser unterbrochen sind. Schon 1228 wird ein „Saarbrücker Maß" erwähnt, seit 1337 eine Saarbrücker Währung aufgrund einer vom König erlaubten, aber nur wenig genutzten Prägung von Gold- und Silbermünzen.

Die Bauern haben es schwer. Die Böden sind karg, die Anbauflächen klein; möglicherweise ist auch das Klima damals rauer gewesen, denn der Versuch, Wein anzubauen, wird abgebrochen, weil die Trauben nicht ausreifen (ganz anders als heute). 1413 gibt es bereits eine Schneider- und Kürschnerzunft, ab 1435 eine für Fischer. Die Tuchherstellung floriert, und die Bleich- und Gerberstraße sowie die Obere und Untere Lauerfahrt (= Lohgerber) erinnern an Handwerksbetriebe, die damals schon wegen der „Umweltbelastung" vor die Stadtmauer verbannt wurden. Kohle wird im Tagebau gewonnen, die Verhüttung von Eisen ist schon früh belegt, ebenso dessen Verarbeitung. Ein bescheidenes Luxusbedürfnis sorgt sogar für die Anwerbung eines Goldschmiedes.

Manches sieht man holzschnittartig vor dem inneren Auge: die 1452 erstmals erwähnte Markthalle, gesonderte Märkte für Fisch unterhalb des Schlossfelsens und für Holz an der Nordwestecke, die frühen Jahrmärkte, besonders den ältesten an der Kirche in St. Arnual.

Für 1466 wird die Einwohnerzahl Saarbrückens auf tausend geschätzt; die Stadt wächst über den Mauerring hinaus, neue Straßen entstehen. Als die „Neue Gasse" durch eine noch neuere übertrumpft wird, benennt man die erste in „Altneugasse" um – und die gibt es heute noch. Man braucht ein größeres Gotteshaus und errichtet die spätgotische Schlosskirche.

Inzwischen hat auch St. Johann eine Mauer und einen großen „thorn". Zugänge sind das Untertor an der heutigen Fürstenstraße, das Ober- und das Saartor, außerdem die „alte Pforte" an der Johannis-Kirche. Gräben umschließen die Stadtmauer, so dass die Herkunft der heutigen „Fröschengasse" nicht erklärt werden muss. Weitere Nachrichten über St. Johann aus jener Zeit sind dem Chronisten Ruppersberg gemäß „recht spärlich", sie betreffen vor allem Güterwechsel. Ein einziger dürrer Satz aber aus dem Jahre 1503 lässt einen Schicksalsschlag ahnen: *Den 5. April ist Sant Johann verbrennt, das erbarme Gott! umb die 4 Ure angegangen.* Als im Herbst auch noch eine Seuche ausbricht, stiften die Bürger „zu ewigen Tagen" eine Messe in der Kapelle zum Heiligen Geist in St. Arnual.

Insgesamt ist es weder ein bevölkerungsreiches noch ein wohlhabendes Ländchen. Der Türkensteuerliste von 1542 ist zu entnehmen, dass die Grafschaft Saarbrücken zu jener Zeit 58 Dörfer umfasst, von denen nur vier mehr als 30 Familien aufweisen, 36 sogar weniger als 15 Familien.

Eine Gräfin bringt Saarbrücken in die Literaturgeschichte

Durch die Heirat der Gräfin Johanna von Saarbrücken-Commercy mit Graf Johann von Nassau-Weilburg, wohl im Jahre 1353, entsteht das Haus Nassau-Saarbrücken, das über viereinhalb Jahrhunderte die Geschicke Saarbrückens lenken wird. Während sich die männlichen Mitglieder der Saarbrücker Grafenfamilie eigentlich nur durch Feldzüge auszeichnen, macht sich Gräfin Elisabeth von Lothringen (um 1395–1456), Witwe Graf Philipps I. (†1429), einen Namen in der Literatur als Begründerin des deutschen Prosaromans. Um 1455/56 überträgt sie *Loher und Maller*, ein französisches Heldenepos, ins Deutsche. Eine ausladende Mischung verschiedener Sagenelemente der Karolingerzeit um Loher (= Lothar), der wegen seines ausschweifenden Lebenswandels von seinem Vater, Karl dem Großen, verbannt wird, wobei er mannigfache *âventiure* besteht. Ein zweiter Roman schildert die ebenfalls nicht enden wollenden Abenteuer des *Huge Schepel*, also des Hugo Capet, Begründer des Kapetinger-Hauses und später König von Frankreich. Allzu frivole Elemente des französischen Originals, wie jene Zeit sie liebte, hat die sittenstrenge Gräfin ausgemerzt. Das Werk erschien 1500 im Druck, fand viele Nachahmer und lebte als Volksbuch weiter. Das Grabmal der Elisabeth in der Stiftskirche St. Arnual ist also auch für Literaturkenner einen Besuch wert.

Das Grabmahl der Gräfin Elisabeth von Lothringen in der Stiftskirche St. Arnual. Mit Übersetzungen französischer Heldenepen schuf sie die ersten deutschen Prosaromane.

Weniger rühmlich ist die Erinnerung an ihren Sohn Graf Johann III. Fehden mit dem Pfalzgrafen Ludwig von Zweibrücken-Veldenz führen 1471 dazu, dass die Truppen Herzog Ludwigs von Pfalz-Zweibrücken Malstatt, Burbach und Völklingen in Brand setzen. Nur St. Johann widersteht ihnen dank seiner guten Befestigung. Als Rache dafür brennt der Pfälzer das Köllertal nieder, woraufhin der Saarbrücker Graf die Ländereien des Gegners verwüstet. Schließlich feiern sie Versöhnung mit einem üppigen Festmahl – während die Bürger ihre zerstörten Dörfer wieder aufzubauen versuchen.

Abseits von diesem Treiben lebt zu jener Zeit auf dem Halberg in einem hölzernen Anbau der Mithras-Höhle ein Eremit. Bruchstücke spätgotischer Ofenkacheln und Tongeschirr deuten auf einen gewissen Komfort hin, metallische Schlacken und Gießformen auf die Herstellung von Devotionalien, die vermutlich an Pilger verkauft wurden.

Von der Burg zum Renaissance-Schloss

Unter Graf Philipp II. (1509–1554) werden die beiden Städte Saarbrücken und St. Johann erstmals durch eine Brücke verbunden. Und die verdanken sie dem Hochwasser, das immer wieder die beiden Fähren unbenutzbar macht. Öfter schon sind *Leut und Vieh ertränkt und umkommen*, aber nichts wurde geändert. Nun aber kommt im März 1546 Kaiser Karl V. mit großem Gefolge und wird zu einem unfreiwilligen Aufenthalt von mehreren Tagen gezwungen. Er habe daraufhin „angeregt", eine Brücke zu bauen, ist in alten Berichten zu lesen. Eher war es wohl ein kräftiges Donnerwetter, denn unverzüglich wird in den folgenden drei Jahren eine steinerne Brücke mit 14 Bögen über den Fluss und die oft überschwemmte Niederung in St. Johann errichtet, die heutige „Alte Brücke". Für Jahrhunderte bleibt sie die wichtigste Verbindung zwischen St. Johann und Saarbrücken.

Philipps II. Nachfolger Graf Johann IV. (1511–1574) lässt 1563 Teile der mittelalterlichen Burg niederlegen und befestigt deren Ringmauer durch starke Bollwerke (die heute wieder sichtbar sind). Über einen Graben führt nun eine Zugbrücke; ein reich ausgemalter Saal erregt Bewunderung, angebaute zweigeschossige Kasematten sichern gegen Beschuss.

Das wenig kanonische Leben der Chorherren von St. Arnual veranlasst den Grafen 1569, das Stift aufzuheben, und fünf Jahre später führt sein protestantischer Nachfolger Philipp III. (1542–1602) in der Grafschaft Nassau-Saarbrücken die Reformation nach lutherischem Bekenntnis ein. Dieser Graf, dessen eindrucksvolles Grabmal in der Stiftskirche ihn mit seinen beiden Ehefrauen Erika von Manderscheid und Elisabeth von Nassau-Katzenelnbogen darstellt, fördert seine Region auf vielen Gebieten. Er konzessioniert eine neue Eisenhütte mit Hammerwerk, genehmigt die Schießpulverherstellung und erwägt eine Wasserverbindung mit Straßburg. Er bestellt einen Arzt und einen Apotheker, formuliert entsprechende Richtlinien, lässt erfahrene Steinschneider und Zahnbrecher zu, verbietet aber Quacksalbern ihre Tätigkeit. Einfache Behandlungen darf weiterhin der Bader übernehmen, der auch die Badestube betreibt. Seuchen wie Pest und Lepra werden als gottgegeben hingenommen; man bekämpft sie mit viel Lüften, Räucherwerk und allerlei *praeservativa*. Schon 1440 ist erstmals das Heilig-Kreuz-Spital in der westlichen Vorstadt erwähnt worden, 1491 eine Leprastation in Malstatt.

Unter Philipp III. beginnen auch die Verbesserungen am Schloss. Er lässt 1575 vom kurpfälzischen Baumeister Christmann Stromeyer an der Saarseite ein hübsches Sommerhaus mit vier Türmen anfügen. Der Stollen wird vermauert und der Zugang zur Burg auf die andere Seite verlegt. Unter Philipps Nachfolger Graf Ludwig (1565–1627) erhält das Gebäude ab 1602 dann vollends jene Gestalt, die als Renaissance-Schloss in einem Merian-Kupferstich festgehalten wurde. Der alte Turm wird reich ausgestaltet, unter anderem mit einer von Heinrich Hoer geschaffenen Uhr, die neben der Zeit auch den Lauf der Gestirne zeigt. Ludwig stiftet außerdem das nach ihm benannte und noch heute bestehende Ludwigsgymnasium; unter ihm gibt es Ansätze zur Schulpflicht. Nach seinem Tode 1627 teilt sein ältester Sohn Graf Wilhelm Ludwig das Erbe mit seinen drei Brüdern in die Linien Saarbrücken, Weilburg, Idstein und Kirchheim.

Das Ludwigsgymnasium
Aus der schon 1223 urkundlich erwähnten Stiftsschule von St. Arnual bildete Philipp III. von Nassau-Saarbrücken nach Einführung der Reformation (1575) eine Lateinschule. Im Jahr 1604 gründete Graf Ludwig II. von Nassau-Saarbrücken schließlich ein Gymnasium, das durch die Einkünfte des Stifts St. Arnual finanziert wurde und bis zum Ende des 19. Jahrhunderts das einzige Gymnasium Saarbrückens und der gesamten Region blieb. Mitte des 18. Jahrhunderts erlebte die Schule unter ihrem großen Förderer Fürst Wilhelm Heinrich eine große Blüte; der Dreißigjährige Krieg und die Französische Revolution hingegen brachten existenzbedrohende Krisen mit sich.
Nach dem Zweiten Weltkrieg wurde die Schule zum führenden Gymnasium im Saarland. Der altsprachliche Zweig mit Latein, Französisch und Griechisch (bis 1964 sogar Hebräisch) wurde durch einen alt-neusprachlichen Zweig mit Latein, Französisch, Englisch und inzwischen auch Spanisch ergänzt. Seit Anfang der 1970er-Jahre nimmt das traditionell reine Jungengymnasium auch Mädchen auf.

Im Dreißigjährigen Krieg

Zu Beginn des 17. Jahrhunderts blüht das Leben in beiden Städten. Durch ständige Zuzüge hat sich die Einwohnerzahl binnen achtzig Jahren verdreifacht; 1628 leben in Saarbrücken

2732 Bürger, in St. Johann 1826. Die städtischen Finanzen sind in bester Verfassung, bei Hofe kommt öfters ein *Fäßlin Östern* (Austern) auf den Tisch, und die Bürger trinken gern und oft ihren Wein, wie sich am hohen „Umgeld", einer Steuer, ablesen lässt.

Als 1618 der Dreißigjährige Krieg in Böhmen ausbricht und bald auf die Pfalz übergreift, verordnet Graf Ludwig von Nassau-Saarbrücken einen allgemeinen Buß- und Bettag, um den Zorn des Himmels abzuwenden. Die Hoffnung trügt: Ab 1622 wechseln sich Einquartierungen der gegnerischen Lager ab, wobei die Bürger, wie üblich, nicht nur Quartier bereitstellen, sondern auch die Besatzung ernähren und deren Sold bezahlen müssen. Immer wieder werden Kontributionen verlangt. Die kaiserlichen Regimenter der Brüder Kratz von Scharfenstein brennen im Köllertal, in Malstatt und Fechingen Häuser und Scheunen nieder, rauben Kirchen aus, brechen in St. Arnual das gräfliche Erbbegräbnis auf und plündern das Siechenhaus. Graf Ludwig hat nicht genug Soldaten, um dem entgegenzutreten; Proteste beim Kaiser bleiben ohne Erfolg.

Dann kommt das Schreckensjahr 1635. Schweden und Franzosen stehen gegen Spanier und Kaiserliche. Graf Ludwig flieht mit Familie und einem Teil seiner Beamten nach Metz. Kaiserliche Truppen erobern das von Schweden und Franzosen besetzte Saarbrücken/St. Johann, nachdem sie die Vorstädte niedergebrannt haben. Das leer stehende herrschaftliche Schloss Saarbrücken wird ausgeplündert. Und in den umliegenden Dörfern geht's zu, wie Grimmelshausens *Simplizissimus* es in jenen Tagen erlebte: „Es hatte jeder seine eigene Invention, die Bauren zu peinigen, und also auch jeder Bauer seine sonderbare Marter". Zu allem Überfluss verbleiben die Soldaten in der Stadt, verbrauchen die von den Einwohnern noch geretteten Vorräte für sich und reißen manches Haus nieder, um das Bauholz zum Heizen und Kochen zu verwenden. Unter diesen Bedingungen durchsteht man den nächsten Winter.

In den folgenden Jahren reihen sich Durchmärsche, Einquartierungen, Plünderungen und Willküräkte der jeweiligen Heerführer aneinander. Unterernährung und Seuchen fordern immer mehr Opfer, Rekrutierung der jungen Männer und Auswanderung bringen weitere Dezimierung. Hilferufe an die zuständigen Fürsten bis hin zum König von Frankreich haben bestenfalls wohlwollende Antwortbriefe zur Folge, ohne dass auch nur ein Ansatz zur Besserung gemacht wird. Und selbst nach dem Westfälischen Frieden, 1648, sind die Plagen noch nicht am Ende, weil die französischen Truppen in der Nähe bleiben und Raubzüge unternehmen.

> **Ein Rentmeister berichtet**
> „In beiden Städten Saarbrücken und St. Johann sind jetztmals nicht mehr als siebzig Bürger und diese ganz ruiniert. Auf den Dörfern ist fast niemand mehr (…) Malstatt sind die Häuser teils abgebrannt, teils abgebrochen und noch fünf Untertanen am Leben. Gerschweiler sind nicht mehr als drei Untertanen am Leben. (…) Dudweiler ist ganz ausgestorben. Bübingen fast niemand mehr am Leben. St. Arnual daselbst sind die Häuser gänzlich ruiniert und nur noch vier Untertanen am Leben."

Ein Friedensschluss ohne Frieden

Der 1662 angetretene Graf Gustav Adolf (1632–1677) lässt als erstes die Stadtmauern wiederherstellen. Durch Steuernachlässe und Religionsfreiheit erreicht er eine zögernde Neubesiedelung. Doch 1671, fast eine Generation nach dem Westfälischen Frieden, leben erst wieder 225 Bürger in Saarbrücken und 191 in St. Johann. Zeit zur Erholung bleibt nicht, denn nur ein Jahr später beginnt der Holländische Krieg Frankreichs, Schwedens und Englands gegen die Niederlande, Österreich, Spanien und Brandenburg. Saarbrücken wird abermals besetzt, diesmal von französischen Truppen.

Im März 1677 rückt die kaiserliche Armee heran, nimmt im Mai Malstatt und St. Johann ein und fordert die Franzosen auf, die Stadt zu übergeben. Sie weigern sich und stecken, um dem Gegner die Annäherung zu erschweren (oder, nach einer anderen Version, um freies Schussfeld zu bekommen), die Vorstadt und die Häuser an der Schlosskirche in Brand. Mit solcher Schnelligkeit verbreitet sich das Feuer über die dicht gebauten

Fachwerkhäuser, dass die Bürger die Tore einschlagen müssen, um zu entkommen. Nur sechs steinerne Häuser bleiben stehen; Schlosskirche und das Schloss selbst sind zur Hälfte zerstört. St. Johann hingegen wird vor dem gleichen Schicksal bewahrt, weil einige vernünftige Bürger die Kaiserlichen einlassen, die allerdings ein entsetzliches Gemetzel unter den Besatzungstruppen anrichten.

Wenige Monate später wird der Saarbrücker Graf Gustav Adolph bei der Schlacht am Kochersberg bei Straßburg schwer verwundet und gefangen; er stirbt zwei Tage später, am 9. Oktober 1677.

> **Die Odyssee eines Leichnams**
> Der Leichnam des Grafen Gustav Adolph von Nassau-Saarbrücken hatte eine ungewöhnliche Geschichte: *Ganz angethan (bekleidet) und balsamirt wurde er in 2 Särcken als einem von Dannen, undt ein von Eychen-Holtz, auf welchem letztem außwendig Dero Nahmen und Wappen, samdt einem Crucifix gemahlet war*, in der Gruft von Alt St. Peter in Straßburg verwahrt, dann in die Klosterkirche St. Nikolaus in Undis und schließlich in die Gruft von St. Thomas überführt. Ab 1802 war der mumifizierte Leichnam des Grafen in der Andreaskapelle den Blicken zahloser Besucher ausgesetzt. 1831 wurde er von einem Anatom neu präpariert und eingekleidet. Der Schriftsteller Victor Hugo sah ihn so und war tief betroffen: „Was nützt es, Graf von Nassau gewesen zu sein", schrieb er in seiner *Reise an den Rhein*, „wenn man dann von französischen Tünchern lackiert wird!" Schließlich landete der Sarg im Depot des Straßburger Historischen Museums. Erst am 26. August 1998 wurden die sterblichen Überreste nach Saarbrücken überführt, wo Graf Ludwig Crato von Nassau-Saarbrücken um 1700 durch den Metzer Bildhauer Pierard de Coraille in der Saarbrücker Schlosskirche ein sieben Meter hohes Grabmal für seine Eltern hatte errichten lassen. Es zeigt Graf Gustav Adolph liegend in vollem Harnisch und, vor einem Kruzifix kniend, Gräfin Eleonore Klara. In diesem Grabmal wurde die Mumie des Grafen Gustav Adolph in einem Staatsakt bestattet.

Der Friede von Nimwegen, 1679, bringt der Grafschaft Saarbrücken noch lange keinen Frieden. Ludwig XIV., König von Frankreich, geht nämlich daran, einen alten Plan zu verwirk-

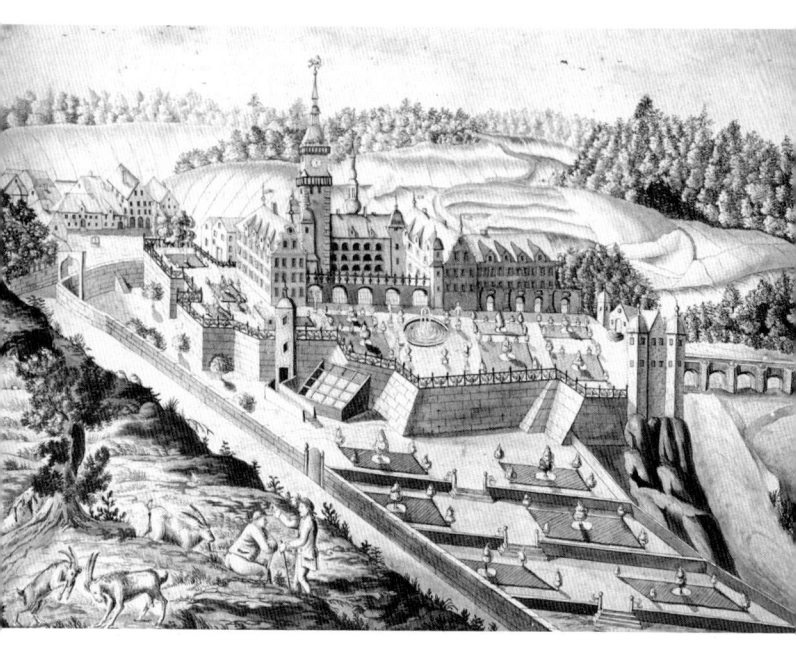

Das Renaissanceschloss Saarbrücken um 1700 von Osten gesehen. – Johann Ludwig Lex, nach 1710.

lichen: Er will alle ehemals von den Bistümern Metz, Toul und Verdun abhängigen, im deutschen Reich gelegenen Lehen mit Frankreich vereinigen. Oder, wie er es nennt, „reunieren", also „wieder"vereinigen. Spezielle Reunionskammern machen sich an die Arbeit, und französische Truppen besetzen alsbald diese Gebiete. Einige hundert Städte und Herrschaften und mehrere tausend Dörfer werden auf diese Weise überrannt, darunter die Grafschaft Saarbrücken.

Saarbrücken wird französisch

Zur Sicherung der neuen Ostgrenze lässt der Sonnenkönig Festungen errichten, zu denen auch Saarlouis gehört. Für die Saargegend erteilt nun ein französischer Intendant von Homburg aus seine Befehle, und bald darauf wird die Grafschaft als Teil der *Province de la Sarre* mit Frankreich vereinigt. Alle Beschwerden der Gräfin Eleonore Klara, der Witwe Gustav Adolfs von Nassau-Saarbrücken, beim französischen König bleiben ohne Erfolg, und der um Hilfe gebetene Kaiser belässt es bei feierlichen Protesten. So muss Eleonore Klara am 9. Januar 1681 dem Bischof von Metz huldigen – kniend, um sie besonders zu demütigen.

Und doch werden die Bewohner widerwillig anerkannt haben, dass sich manches bessert: Es gibt nun festgesetzte Lebensmittelpreise und eine regelmäßige Briefpost, das Gericht erhält eine neue Organisation, und die Polizeiverordnungen werden ebenfalls erneuert. Umstrittener sind Anordnungen auf kirchlichem Gebiet: Seit 1575 ist die katholische Religion in der Saarbrücker Grafschaft verboten gewesen; nun hebt der Bischof von Metz dieses Verbot auf. Rückendeckung hat er dabei vom französischen König, der am 6. Juli 1683 mit Gemahlin Maria Theresia und Dauphin in Saarbrücken eintrifft und am folgenden Tag dem Gottesdienst in St. Johann beiwohnt. Hatten zuvor die Katholiken unter Repressalien zu leiden, sind es nun die Protestanten. Erst der Friedensvertrag von Rijkswijk 1697 beendete die französische Herrschaft an der Saar.

Zu dieser Zeit ist das Schloss von dem Saarlouiser Architekten Josef C. Motte dit la Bonté wieder notdürftig repariert, der zerstörte Ostflügel abgebrochen und ein prächtiger Barockgarten angelegt worden. Hier und in der ebenfalls errichteten „Maison de plaisance" auf dem Halberg lustwandeln nun höfische Gäste mit Allongeperücken, Zierdegen und Schnabelschuhen, während die Bürger sich in den rauchgeschwärzten Ruinen der Stadt einrichten. Denn die Stadt erholt sich nur mühsam von der Doppelkatastrophe.

Doch sie erholt sich, so unglaublich es klingen mag. Ja, es ziehen so viele neue Bürger zu, dass man Aufnahmegebühren verlangen kann. St. Johann leistet sich sogar eine neue evangelische Kirche (heute die Alte Kirche), die 1727 eingeweiht wird.

Fürstenzeit

Aschenputtel

Als 1721 Georg August, der letzte Fürst der Nassau-Idsteiner Linie, ohne männliche Nachkommen das Zeitliche segnet, fällt Saarbrücken an die Grafen Friedrich Ludwig zu Ottweiler und Karl Ludwig zu Saarbrücken und wird von ihnen gemeinsam verwaltet. Letzterer stirbt bereits im folgenden Jahr 1722, und da seine Witwe sich wieder verheiratet, wird Friedrich Ludwig (1651–1728) neuer Graf zu Saarbrücken. Nachdem er 1728 ohne männliche Nachkommen stirbt, sind die Linien Saarbrücken und Ottweiler erloschen, und deren Besitzungen fallen an die Linie Nassau-Usingen.

1688 hatte Kaiser Leopold I. dieses „herrliche Geschlecht der Grafen zu Nassau Saarbrüggischer Linie, welches (…) eines von den ältesten und vornehmsten im Heiligen Römischen Reich ist", in den Fürstenstand erhoben. Herrin über Saarbrücken ist nun Fürstin Charlotte Amalie (1680–1738), „Serenissimae hochfürstliche Durchlaucht", als Vormund über ihre Söhne Karl und Wilhelm Heinrich, zwischen denen sie 1735 ihre Erblande teilt. Karl erhält alle rechtsrheinischen Nassauischen Länder, Wilhelm Heinrich die linksrheinischen, zu denen die Grafschaften Saarbrücken und Saarwerden, die Herrschaften Ottweiler und Homburg, die Ämter Jugenheim und Wöllstein sowie die Kellerei Rosental gehören. Bis zu ihrem Ableben behält die Fürstin jedoch die Regentschaft.

Ein Jahrzehnt lang wird die Grafschaft vom fernen Usingen aus regiert. Wie immer, „wenn die Katze aus dem Haus ist, tanzen die Mäuse", und die Beschwerden der Bürger häufen sich. Alles koste Gebühren: Salz, Branntwein, Tabak und Brückenzoll; auch seien zahlreiche neue Abgaben hinzugekommen. Die „Fräuleinsteuer", zur Ausstattung heiratslustiger Grafentöchter erfunden, werde auch erhoben, wenn es gar keine Fräuleins auszustatten gäbe. Im herrschaftlichen Garten habe der Pächter eine Kegelbahn angelegt! Kühne Forderungen werden laut: Nicht länger sollen die Pfarrer im Gymnasium unterrichten, sondern richtig ausgebildete Lehrer!

Und: Beim Stadtgericht geht es „laulicht" zu, die Gerichtspersonen sagen zu allem Ja. Bei Bäckern und Metzgern fehlt die Aufsicht über rechte Maße und Gewichte. Die gute alte Fronwaage, *so im 16. Seculo zu Saarbrücken unter dem Rathaus gehangen*, wird nicht mehr benutzt. Innerhalb der Stadtmauer gibt es auch siebzig Jahre nach dem verheerenden Stadtbrand von 1677 noch immer viele unbebaute Stellen. Die Zahl der Handwerker ist so gering, dass sie kaum Zünfte bilden können. Anderes ist genehmigt und dennoch nicht gut. Jedermann darf gegen eine Abgabe Kohle graben, nur ist von bergmännischem Abbau keine Rede. Lediglich die Eisenindustrie von Ottweiler ist in gutem Zustand, wie vorzügliche Ofenplatten aus jener Zeit beweisen.

Klein-Versailles an der Saar

Traurig, aber wahr: Erst das Ableben der Fürstin Charlotte Amalie im Jahre 1738 bringt eine Wende. Ihr ältester Sohn Karl (1712–1775) führte zunächst die Regierungsgeschäfte, bis sein Bruder Wilhelm Heinrich 1741 dieses Amt übernehmen konnte.

Am 6. März 1718 in Usingen geboren, ist Wilhelm Heinrich (er selbst schrieb Henrich) in Genf ausgebildet worden und dann, um sich „in der höfischen Sitte zu vervollkommnen", nach Paris gegangen. Offenbar macht er sich bei Ludwig XV. beliebt, denn schon als 19-Jähriger erhält er vom König das einträgliche Regiment *Royal-Allemand* und wird Oberst; Nassau-Saarbrücken bleibt weitgehend von französischen Kontributionen und Truppendurchzügen verschont. So kann er auch während des Österreichischen Erbfolgekrieges und des Siebenjährigen Krieges das Geld für das eigene Land verwenden.

Am 1. März 1741 tritt er die Herrschaft an, und schon im folgenden Jahr lernt er anlässlich der Krönung des neuen Kaisers Karl VII. am 12. Februar 1742 die schöne, noch nicht

Fürst Wilhelm Heinrich von Nassau-Saarbrücken, dessen vielfältige Initiativen für Stadtentwicklung, Wirtschaft und Industrie Saarbrückens glänzendste Epoche einleitet. – Undatiertes Porträt.

17-jährige Gräfin Sophie von Erbach kennen. Wenige Wochen später, am 28. Februar, ist Hochzeit; in den nächsten Jahren kommen fünf Kinder auf die Welt, von denen zwei früh sterben. Illustre Taufpaten stehen bereit, beim Erbprinzen Ludwig ist es gar König Ludwig XV. von Frankreich.

Nun geht der junge Fürst Wilhelm Heinrich, vom glänzenden Leben in Paris geprägt, daran, sich sein kleines Versailles zu schaffen. Zum Glück hat er einen exzellenten Fachmann zur Seite: den Usingischen Baumeister, Ingenieur und Architekten Friedrich Joachim Stengel. Wilhelm Heinrich ist gerade 23 Jahre jung und enthusiastisch, sein Architekt 24 Jahre älter und erfahren – eine gute Mischung. Stengel inspiziert das alte Schloss in Saarbrücken und resümiert: Der alte Teil des Schlosses und der Eingangsflügel seien *in einem sehr gefährlichen Zustand und mit dem Seithenflügel abzubrechen ohnumgänglich nöthig*. Der neuere Teil sei noch in recht gutem Zustand, aber von einem *ohn erfahrenen Architect* und *mit gar schlechter commoditaet* erbaut – was der frühere Saarbrücker Denkmalpfleger und Stengel-Kenner Dieter Heinz mit „nach schlechter Grundriss-Disposition" übersetzt. Die übrigen Teile seien jedoch in so schlechtem Zustand, dass sie teilweise nur noch von eisernen Ankern notdürftig zusammengehalten würden.

Stengel plädiert – was hätte man von einem tüchtigen Architekten auch anderes erwartet – für einen Neubau. Und er erhält den Auftrag. 1738 beginnt er mit dem Abriss, wobei sich zwei alte Comtessen, die immer noch im Schloss leben, unter

Das Barockschloss Saarbrücken, von Friedrich Joachim Stengel erbaut. Der junge Goethe lobte „das Kostbare und Angenehme, das Reiche und Zierliche". – Gemälde um 1760.

heftigem Protest Zimmer für Zimmer zurückziehen müssen. Übrigens verfährt Stengel äußerst vorsichtig und erhält alle alten Bauteile, soweit sie nicht im Wege stehen. Nur diesem behutsamen Vorgehen ist zu verdanken, dass wir heute unter dem Schloss die Spuren der Vorgängerbauten betrachten können.

Das neue Schloss

Ab 1738 entsteht binnen zehn Jahren eine dreiflügelige Anlage, die dem ebenfalls von Stengel erbauten Schloss von Dornburg an der Elbe verwandt ist. Damit der Hofgärtner Ludwig Wilhelm Köllner die prächtigen Gartenanlagen anlegen kann, wird der Burgfelsen abgeschrotet, die Saar mehr zur St. Johanner Seite verlegt und im alten Flussbett eine hohe Quaimauer errichtet. 1748 ist das Schloss mit dem reichen Statuenschmuck aus dem Umkreis von Ferdinand Dietz fertig, 1764 auch der Garten. Rechtzeitig also, damit der junge Goethe 1770 am ganzen Ensemble „das Kostbare und Angenehme, das Reiche und Zierliche" preisen kann, das „auf einen lebenslustigen Besitzer" deute, wie er im 10. Buch von *Dichtung und Wahrheit* schreibt. An den Speisesaal schließen sich beiderseits Audienz-, Parade- und sonstige Prunkzimmer an und bilden den Übergang zu den

Privatgemächern der Fürstlichkeiten. Noch eine Etage höher liegt der Konzert- und Tanzsaal in grün-goldener Farbgebung, mit Gemälden, Spiegeln und Kristall-Lüstern reich ausgestattet und von eleganten Nebenräumen umgeben.

„Wer über seinen Horizont hier raisoniert
Nicht weniger ohnausgemachte Arbeit critisirt,
Der wird mit Recht vor einen Narren declarirt
N.B. und zwahr vor der gantzen vernünftigen Welt."

Diesen Spruch hängte Stengel am Bauplatz auf, um seinen Kritikern zu begegnen. Es wäre sicher im Sinne des heutigen Hausherrn, des Regionalverbandes Saarbrücken, wenn dieser Spruch noch heute hier hinge.

Ein Enzyklopädist als Landesherr

Der Enthusiasmus des jungen Fürsten erstreckt sich auf alle Gebiete. Zuerst verordnet er, dass vor jedem Neubau ein Plan vorzulegen sei. 1743 wird allen Baulustigen eine zehnjährige Befreiung von herrschaftlichen und städtischen Steuern, Abgaben und sonstigen Lasten zugesichert. Schon 1741 erlässt er eine Polizeiordnung und richtet 1745 ein herrschaftliches Polizeiamt ein. Größere Delikte bleiben zunächst Aufgabe des Stadtgerichts, bis das gesamte öffentliche Leben Sache des Polizeiamtes wird: Rauchen auf der Straße, Trunkenheit und Kartenspiel werden ebenso streng geahndet wie das Betteln, ja selbst das Almosengeben, stattdessen gibt es Sammlungen für Arme. 1762 wird die abendliche Sperrstunde auf zehn Uhr festgesetzt; wer um halb elf noch im Wirtshaus angetroffen wird, zahlt einen Taler, der Wirt zehn. Die „Hurenstrafe" beträgt ein bis zwei Jahre Zuchthaus. Gartendiebstahl wird außerordentlich hart bestraft. Und Schwerverbrecher kommen sogar nach Frankreich auf die Galeeren, ein Todesurteil auf Raten.

Aus Pietät gegenüber seiner Mutter, die dem reformierten Bekenntnis angehört hat, sichert der Fürst den zehn Reformierten in beiden Städten nicht nur freie Religionsausübung zu, sondern unterstützt den Bau einer eigenen Kirche (der heutigen Friedenskirche). Die Stadtmauer fällt, der Graben wird aufgefüllt, und die so entstehenden Grundstücke können Interessenten billig erwerben.

Die Einwohnerzahl steigt rasch an. Saarbrücken/St. Johann vermehrt sich zwischen 1741 und 1766 von 2300 auf 4150 Einwohner, also um rund 80 Prozent, wobei Saarbrücken St. Johann bald überholt. Die durch den Begriff „Schwesterstädte" suggerierte Zusammengehörigkeit entsprach damals ohnehin nicht der Realität: Saarbrücken entwickelte sich zur barocken Residenzstadt, St. Johann blieb bürgerlich mit eher agrarischem Charakter.

Bis 1752 waren sowohl die „Lateinschule", Vorform des Gymnasiums, und zwei Elementarschulen (je eine für Jungen und Mädchen) gemeinsam in einem Gebäude in der Talstraße untergebracht. Nun entsteht am Ende der ebenfalls neu geschaffenen Wilhelmstraße (heute Wilhelm-Heinrich-Straße) ein Gymnasium, das fast die ganze Breite des heutigen Ludwigsplatzes einnimmt. Der Lehrplan wird ausgeweitet: Neben Latein, Griechisch und Hebräisch, Philosophie, Geschichte und Logik treten ab 1759 Mathematik und Naturwissenschaften. 1750 ist das neue „Rathhaus" gegenüber dem Schloss fertiggestellt, das die Bürger mit 9 000 Gulden alleine finanzieren, und 1760 das Erbprinzenpalais. Rings um das Rathaus und entlang der neuen Talstraße entstehen viele neue Gebäude; die Straße wird gepflastert und eine neue Stadtmauer errichtet.

„Mitten auf einem schönen Platz …"

Am 3. Januar 1745 ist der Erbprinz geboren worden, Ludwig. Seine Ausbildung ähnelt der des Vaters Wilhelm Heinrich. Schon den 13-Jährigen ernennt der französische König Ludwig XV. zum Oberst des Regiments Nassau-Infanterie. Nach seiner Ausbildung in Straßburg unternimmt er eine Reise zu den wichtigsten europäischen Städten, die ihn auch an alle größeren deutschen Höfe führt. Er hält sich in Versailles auf, macht in Rom dem Papst seine Aufwartung, verbeugt sich in Potsdam vor Friedrich dem Großen und bringt als Attraktion einen

„Mohrenknaben" namens Joseph Corea mit. Dessen Nachfahren lebten bis in die Neuzeit in Saarbrücken.

Aber noch regiert Wilhelm Heinrich, und er (oder vielmehr sein Generalbaumeister Friedrich Joachim Stengel) krönt seine Bautätigkeit in den 1760er-Jahren mit der neuen Vorstadt im Westen, deren Höhe- und Mittelpunkt ab 1762 die „Neue Kirche" wird. Erst 1775, als sein Sohn, Fürst Ludwig, den Bau vollendet, wird sie ihren heutigen Namen erhalten: Ludwigskirche. Um eine barocke Blickachse von der St. Johanner Kirche durch die Wilhelm-Heinrich-Straße auf das neue Gotteshaus zu gewinnen, opfert der Fürst bald den Mitteltrakt des Gymnasiums; die Schule muss von nun an in unzureichenden Räumen arbeiten. Nun soll die prachtvolle Ludwigskirche (heute von Kunsthistorikern als bedeutendstes protestantisches Gotteshaus Südwestdeutschlands bezeichnet) mit ebenso prächtigen Palais umgeben werden. Und wieder bietet Wilhelm Heinrich Bauwilligen die bereits bekannten Vergünstigungen an. Binnen weniger Jahre entsteht ein wahrhaft fürstliches Ensemble, das auch dem jungen Goethe gefällt: *Mitten auf einem schönen, mit ansehnlichen Gebäuden umgebenen Platz steht die lutherische Kirche*, schreibt er, um sehr goethisch zu ergänzen: ... *in einem kleinen, aber dem Ganzen entsprechenden Maßstabe.* Von der übrigen Stadt notiert der junge Dichter: *Die Stadt, klein und hügelicht, (...) macht sogleich einen angenehmen Eindruck.*

Die Maitresse des Fürsten, Frau von Freital, residiert im mittleren Palais auf der Nordseite des Ludwigsplatzes, später wurde daraus das Kaiserliche Postamt, *sic transit gloria mundi*. Im Westen schließt Stengel von 1763 an den Platz durch ein breit hingelagertes Gebäude ab, das dem anfangs noch unversehrten Gymnasium symmetrisch gegenüberliegt. Der barocke Titel verrät seine vielfältige Funktion: „Hospital, Armen-, Wayßen- und Zuchthaus". Das geräumige Gebäude ist ein großer Fortschritt gegenüber den früheren, meist überfüllten Hospitälern.

In der Schwesterstadt St. Johann entsteht der schöne neue Marktbrunnen, für den die Stadt 2000 Gulden ausgibt. Die Stadtgräben werden trockengelegt und die Zugbrücken am

Ober- und Untertor abgerissen. Das Glacis lässt der Fürst einebnen und rund um die Stadt eine Kastanienallee anpflanzen, die dem heutigen Viereck Bleichstraße, Gerberstraße, Fürstenweg und Schillerstraße entspricht. Auch hier ermuntert der Landesherr Bauwillige durch zehnjährige Abgabenfreiheit, so dass bald vor dem Untertor eine Vorstadt entsteht. Nicht minder wichtig ist die Anlage neuer Fernstraßen wie der durch das Sulzbachtal, während in Saarbrücken die alte Metzer Straße verbessert wird.

Die Basilika St. Johann, von 1754 – 1758 für die katholische Minderheit der Residenz erbaut.

Basilika St. Johann

Auch dem kleinen Prozentsatz seiner katholischen Untertanen gegenüber findet Wilhelm Heinrich eine Lösung, die religiöse Toleranz mit Diplomatie verbindet: Der französische König als Schutzherr der Katholiken jenseits der Grenze wünscht eine neue Kirche für die Minorität, da der Pfarrer der alten Johanniskapelle den schlechten Zustand des Hauses beklagt hat. So wird in Paris vereinbart, dass Ludwig XV. 20 000 Livres zu einem Neubau in St. Johann beisteuert und der Fürst das nötige Bauholz dazu gibt. Papst Benedikt XIV. wird ebenfalls zu einem Beitrag veranlasst, deutsche Kurfürsten und verschiedene Städte folgen dem Beispiel, ebenso der Deutschorden. Die Herzogin von Lothringen spendiert die Orgel, der Bischof von Metz den Hochaltar – ein bemerkenswertes Zeugnis von Solidarität *ad gloriam Dei*. 1754 wird feierlich der Grundstein gelegt. Ein Saalbau mit westlich eingebautem Turm entsteht, und schon 1758 wird die katholische Pfarrkirche, bildhauerisch von Philipp Mihm ausgeschmückt, durch den Abt von Wadgassen eingeweiht. Heute stellt sie als Katholische Basilika St. Johann ein Schmuckstück dar.

Ich geh' zweihundert Jahr und länger durch die Bogen / es war noch nie so hell auf meinen Wasserwogen! lässt ein begeisterter Poet damals die Saar sprechen. Aber man stimmt ihm zu: Mitte des 18. Jahrhunderts ist Saarbrückens vielleicht glücklichste, sicher aber glänzendste Epoche angebrochen.

Neues Leben auf dem Halberg

Durch Zukäufe und Tausch wird der Halberg ab 1743 fürstliches Eigentum; das verlassene Lustschlösschen auf dem Halberg erwacht zu neuem Leben. Wilhelm Heinrich schafft zunächst den geplanten Tierpark, der noch heute in Bezeichnungen wie „Hirschwiese" und „Fasanenweg" weiterlebt.

Auf einer Darstellung der Doppelstadt von 1750 erkennt man in der Ferne auf dem Halberg einen Mittelpavillon und zwei von ihm isolierte, symmetrisch angeordnete Seitenpavillons. Davor zieht sich eine breite Schneise den Berg hinunter – vermutlich jener Weinberg, von dem Köllner spricht: *Anno 1765 machte man 14 Fuder guden Wein.* Freiherr Knigge hingegen vermutete, man habe Weinstöcke gepflanzt, *mehr um im Herbst dem Hofe ein angenehmes Fest zu geben, als in der ernstlichen Absicht, hier trinkbaren Wein zu ziehen.* Leider wird das Idyll auf dem Halberg bald durch Qualm und Lärm des an seinem Fuße angelegten Eisenwerks beeinträchtigt. Der Fürst weicht zum Ludwigsberg aus, wo 1768 ein weiteres Lustschloss entsteht.

„Vortheile und Bequemlichkeiten" durch die erste eigene Zeitung

1761 ordnet Wilhelm Heinrich die Niederlegung der alten Stadttore Saarbrückens und die Schleifung der mittelalterlichen

Wälle um St. Johann an. Eine Öffnung, die man gerne symbolisch für eine andere Öffnung nach außen verstehen möchte: die Gründung einer Zeitung. Doch dafür braucht man erst einmal eine Druckerei, und so lädt der Fürst 1741 Johann Mengert, den Inhaber der Zweibrücker Offizin, ein, in die aufstrebende Residenz Saarbrücken zu übersiedeln. Mengert sagt zu und eröffnet im selben Jahr 1741 in der Saarbrücker Talstraße sein Unternehmen. Im folgenden Jahr kommen die ersten Druckerzeugnisse heraus, etwa ein „Schuldiges Freuden= Opfer" des Superintendenten zur Geburt eines Prinzen von 1748. Die technische Ausstattung entspricht der Zeit: hölzerne Presse, Lettern in verschiedenen Schriftarten, ein Rosshaarballen, mit dem die aus Leinöl, Kolophonium, Seife und Ruß selbst gefertigte Druckfarbe aufgetragen wird. Die ersten Papiere tragen das Wasserzeichen „Papeterie Royale en Alsace", woraus zu schließen ist, dass es damals keine Papiermühle an der Saar gab.

Bis 1761 ist hier neben Bibel und Gesangbuch der *Privilegierte Saarbrücker Kalender* einzige geistige Nahrung gewesen. Nun, da man eine Druckerei hat, soll auch eine Zeitung her. Nichts Aufklärerisches, keine Nachrichten oder Kommentare, nein, der Leser soll einfach *Vortheile und Bequemlichkeiten* erhalten. Ein „Frag- und Anzeigblatt" also. *Wer Geld und andere Sachen zu lehnen oder zu verlehnen begehrt, wer etwas zu kaufen oder verkaufen, miethen oder vermiethen will* bis hin zu jenem, der eine Brosche verloren hat, eine Amme sucht oder *verreißen will und zu Erleichterung der Reyse-Kosten eine anständige Gesellschaft such*t – all denen soll das Blättchen zugutekommen. Der Preis beträgt einen Albus – dafür bekommt man damals ein Pfund Weizenbrot. Der Titel: „Nassau=Saarbrückisches Wochen=Blat".

Doch gerade dieses Kleinstädtische erlaubt uns heute den Einblick in den Alltag jener Jahre. Dass da einer *frische büchene Holzkohlen* sucht und ein anderer *eine Magd, die auch etwas kochen und spinnen kann*, dass *veritabel Conjac, die Maß à 26 Batzen* zu haben ist und *ein fast noch neuer blecherner schöner Lunéviller Ofen mit Zierrathen und einem Aufsatz zu billigem Preiß feilgeboten* wird, das bringt Farbe in das bisher gezeichnete Bild. Auch jene zu vermietende Wohnung,

Stub, Stubenkammer, helle Küche, ein Kammer im dritten Stock, halber Speicher, verschlossener Keller, und über dem Stall der Heustock, Platz für Dung zu legen – das alles sieht man vor sich.

Aber es gibt auch Anspruchsvolleres. So offeriert der Buchhändler Schellenberg Einzelblätter, durch die man beispielsweise *ausführliche Nachrichten von dem Türkenkriege* erhalten kann. Und einer sucht Gleichgesinnte, um den *Hamburger Correspondenten* zu abonnieren. Vielleicht liegen hier die Anfänge für die 1773 gegründete „Literarische Tagesgesellschaft", die auch eine eigene Bibliothek anlegt.

Natürlich ahnt niemand, dass das *Nassau=Saarbrückische Wochen=Blat* und seine Nachfolger fast 250 Jahre bestehen und im fernen 20. Jahrhundert zu den ältesten noch mit Vollredaktion existierenden Blättern der Welt gehören wird – die Saarbrücker Zeitung.

Aufklärung?

Um Justiz und Verwaltung effektiver zu gestalten, ist 1741 ein Oberamt in Saarbrücken eingerichtet und später durch ein zusätzliches in St. Johann und drei weitere in der übrigen Residenz ergänzt worden. Rund 400 Verordnungen aus jener Zeit sind bekannt. Polizei, Forsten, Feuerschutz, Gesinde – alles ist nun reglementiert. Mediziner und Apotheker unterliegen jetzt ebenso wie Bäcker und Metzger strengen Vorschriften. 1744 vermisst ein Geometer den Saarbrücker Bann, so dass das fehlerhafte alte Bannbuch verbessert und erstmals ein Kataster angelegt werden kann. Durch Verzicht auf die Herrschaft Homburg erhält Fürst Wilhelm Heinrich vom Pfalzgrafen Bliesransbach, Niederbexbach und Frankenholz, eine Reihe kleinerer Tauschverträge mit benachbarten Herrschaften sorgt für eine weitere Abrundung des Nassau-Saarbrückischen Gebietes.

Seit 1754 fährt an jedem Sonntag eine Postkutsche von Saarbrücken über Wien nach Ungarn und Polen. Nun kommen Verbindungen der Thurn und Taxis'schen Post nach Metz und

Mannheim hinzu; die Fahrt von Saarbrücken zum Rhein dauert 20 Stunden. Daneben gibt es Briefpost nach Saarlouis und Metz, Zweibrücken und Saargemünd, von wo sie gegebenenfalls weiterbefördert wird.

Nimmt man die streng gehandhabte Schulpflicht hinzu, so bietet Wilhelm Heinrich tatsächlich das Bild eines aufgeklärten Pragmatikers. Durch alle Bereiche weht die klare Luft der Aufklärung – fast alle: Als Fürst bleiben Serenissimi Durchlaucht durchaus auf dem Stand seiner Zeit. Bei seinen Treibjagden haben sich die Untertanen weiterhin mit Äxten und Proviant für vier Tage einzustellen. Bei Chausseebauten, manchmal stundenweit entfernt, müssen sie mitarbeiten. Und die Fülle an Abgaben und Gebühren stellt eine enorme Belastung dar. So denkt mancher an Auswanderung, etwa nach Amerika. Doch das erfordert Entlassung aus der Leibeigenschaft, und das gelingt nicht so ohne weiteres. Wer sie doch durchsetzt, darf außer seiner Kleidung nichts mitnehmen; wer ohne Erlaubnis auswandert, dessen gesamtes Vermögen wird konfisziert.

Kohle und Eisen

Holz, der bedeutendste Exportartikel des Fürstentums, beginnt um 1750 knapp zu werden. Nicht nur an die Schiffsbauer in Holland gehen große Mengen, sondern auch die Hüttenwerke an der Saar verbrauchen enorme Mengen Holz(kohle). Als die Einwohner zu Steinkohle übergehen, die ja sozusagen noch vor der Tür zu finden ist, folgt der Fürst 1750 dem Rat, Gruben und Förderung selber zu übernehmen; Bergbau ist nun einmal ein Regal des Landesherrn. 1765 schließt er mit dem Kurfürsten von der Pfalz einen Vertrag über die Lieferung von 50 000 Zentnern Steinkohle. In den 1780er-Jahren wird dann das Bergamt geschaffen und der Abbau bergmännisch modernisiert; um Saarbrücken entstehen Gruben in Dudweiler, Sulzbach, Burbach, Gersweiler, Klarenthal, auf der Rußhütte und weiter. 1786 werden bereits rund 400 000 Zentner gefördert. Damit ist ein neuer Berufszweig entstanden, der wachsende Bedeutung erlangen wird: der Bergmann.

Ein Teil der Förderung geht an die einheimische Industrie, vor allem an Glashütten und Ziegeleien. Aber die Kohle wird auch zum Exportartikel. Große Mengen werden nach Lothringen, ins Elsass und bis nach Frankfurt verschifft.

Auch für die Eisengewinnung waren an der Saar alle Voraussetzungen gegeben. Als Rohmaterial gewann man seit zwei Jahrtausenden den roten Toneisenstein, der Hochwald lieferte Holzkohle, und der nötige Kalk war im Tagebau zu gewinnen. Zudem konnte Eisenerz im 18. Jahrhundert noch in Form von „Lebacher Eiern", also kugelförmig gebildeten Erzknollen (Sphärosiderite), buchstäblich vom Boden aufgelesen werden. Auch die Grafen von Saarbrücken hatten seit dem 16. Jahrhundert Eisenschmelzen betrieben. Um 1750 nun gerät diese Industrie in Bewegung. Die seit 1685 bestehende Dillinger Hütte erweitert ihre Produktpalette mit großem Erfolg, 1744 wird die schon 1500 gegründete Neunkircher Hütte modernisiert. Weitere Eisenhütten werden ausgebaut, neue angelegt; Hüttenfachleute und eine größere Zahl von Arbeiterfamilien ziehen zu. Fürst Wilhelm Heinrich drängt darauf, den Einsatz von Kohle zur Eisengewinnung zu erproben.

> **Funkenwerfende Essen**
> „... bei einbrechender Finsternis, ohnweit Neukirch (Neunkirchen), ein überraschendes Feuerwerk. Denn wie vor wenigen Nächten, an den Ufern der Saar, leuchtende Wolken Johanniswürmer zwischen Fels und Busch um uns schwebten, so spielten uns nun die funkenwerfenden Essen ihr lustiges Feuerwerk entgegen. Wir betraten bei tiefer Nacht die im Talgrunde liegenden Schmelzhütten, und vergnügten uns an dem seltsamen Halbdunkel dieser Bretterhöhlen, die nur durch des glühenden Ofens geringe Öffnung kümmerlich erleuchtet werden. Das Geräusch des Wassers und der von ihm getriebenen Blasbälge, das fürchterliche Sausen und Pfeifen des Windstroms, der, in das geschmolzene Erz wütend, die Ohren betäubt und die Sinne verwirrt, trieb uns endlich hinweg ...".
> J. W. von Goethe, *Dichtung und Wahrheit*, 10. Buch

Auch die Weiterverarbeitung des Eisens wird gefördert. In Jägersfreude entsteht ein Platinenwerk, wo man Blöcke zu Blech aushämmert, und 1751 schließt der Fürst mit dem Industriellen Pierre Gouvy einen Vertrag zum Bau eines Stahlwerks, das nach Gouvys Herkunftsort den Namen „Goffontaine" erhält. Seine Produktion ist der Zeit voraus: Es verarbeitet vom Rhein importiertes manganhaltiges Roheisen zu Stahl, also einem besseren Werkstoff als Eisen.

Nicht weit von Goffontaine entfernt steht seit 1755 ein Schmelz- und Hammerwerk am Halberg, das den Scheidter Bach nutzt: Wasserräder heben über eine Nockenwelle die schweren Hämmer an und bedienen gleichzeitig die Blasebälge, die den Schmelzofen mit dem nötigen „Hochofenwind" versorgen. Um für Trockenzeiten eine Reserve zu bilden, hat man den bescheidenen Bach zu einem Weiher aufgestaut. Fürst Wilhelm Heinrich lässt Versuche anstellen, die so geschaffene Wasserkraft noch anderweitig zu nutzen, nämlich zum Schleifen von Achaten und Chalzedonen, leider ohne Erfolg.

Am Halberg entsteht Form- und Sandguss, Stab- und Kleineisen sowie Blech. Ein weiteres (und heute als Antiquität gesuchtes) Produkt sind Kaminplatten mit dem unterschiedlichsten Dekor. Anfangs wird das Werk auf herrschaftliche Rechnung betrieben, dann aber zwingt Geldmangel den Fürsten dazu, es 1758 an die erfahrenen Hüttenfachleute Gebrüder Salomon und Samuel Alexander zu verpachten. In Rentrisch entsteht eine ähnliche „fabrique", dazu ein Sensenwerk am Schanzenberg und der „Drahtzug", also eine Drahtzieherei, am Walkmühlweiher.

Der Saarkran

Um den Handel zu fördern, veranlasst Fürst Wilhelm Heinrich holländische und Straßburger Kaufleute, Niederlassungen in Saarbrücken zu gründen; die Saarbrücker Schmidtborn und Korn errichten das erste einheimische Handelshaus, andere folgen. Die Beziehungen reichen bis in die Schweiz und Frankreich.

Der Wasserweg ist damals der sicherste, komfortabelste und billigste, um Waren zu transportieren. Die Saar ist zu jener

Der „Saarkrahnen", 1761 von der „Krahnengesellschaft" errichtet, eine Krämerzunft mit wachsendem Einfluss.

Zeit jedoch nur bis Saarbrücken schiffbar; hier muss die Ware umgeladen und auf dem Landweg weitertransportiert werden. Eine mühsame und zeitraubende Arbeit, denn bisher fehlt ein Kran. Auf Veranlassung des Fürsten übernimmt eine Reihe von Saarbrücker Kaufleuten 1761 diese Investition und gründet zugleich die „Krahnengesellschaft", eine Art Krämerzunft. Die Bedeutung der Doppelstadt als Umschlagplatz wächst in der folgenden Zeit gewaltig, ebenso aber auch Macht und Einfluss der Krahnengesellschaft. Als 1777 eine Saarkanalisierung erwogen wird, die das Monopol der Gesellschaft unterlaufen hätte, drohen die Saarbrücker Kaufleute, das Land zu verlassen. Mit dem Erfolg, dass diese Pläne in der Fürstenzeit nicht mehr auf den Tisch kommen.

Kartoffeln und Alaun

1604 hatte ein Saarbrücker Graf mehreren französischen Glasmacher-Familien, die wegen ihres calvinistischen Glaubens Frankreich hatten verlassen müssen, genehmigt, sich im Warndt niederzulassen, wo sie den Ort Ludweiler gründeten und die erste Glashütte der Grafschaft anlegten. Nun, 150 Jahre später, macht Fürst Wilhelm Heinrich daraus einen weiteren Schwerpunkt. Im Warndt, im Saarkohlenwald und in Gersweiler werden ebenfalls Betriebe dieser Art eingerichtet.

Ein kurioses Kapitel ist die Gewinnung von Alaun, den man für die Produktion von Farben und Salmiak benötigte. Der „Brennende Berg", ein im 17. Jahrhundert in Brand geratenes Kohleflöz bei Dudweiler, bietet ausgeglühtes, also vorbearbeitetes Material. Auch hier hat Goethe bei einem Besuch im Jahr 1770 genau hingesehen und –gehört:

Goethe am „Brennenden Berg"

„Wir traten in eine Klamme und fanden uns in der Region des Brennenden Berges. Ein starker Schwefelgeruch umzog uns; die eine Seite der Hohle war nahezu glühend, mit rötlichem, weißgebranntem Stein bedeckt. (… Dies) gewährt der Alaunfabrikation den großen Vorteil, dass die Schiefer, woraus die Oberfläche des Berges besteht, vollkommen geröstet daliegen und nur kurz und gut ausgelaugt werden dürfen. (…)
Herr Stauf (…) gehörte unter die Chemiker seiner Zeit, die, bei einem innigen Gefühl dessen, was mit Naturprodukten alles zu leisten wäre, sich in einer abstrusen Betrachtung von Kleinigkeiten und Nebensachen gefiel (…). Er zeigte nichts als einen Kuchen Salmiak, den ihm der Brennende Berg geliefert hatte. Bereitwillig (…) schleppte sich das hagere abgelebte Männchen in e i n e m Schuh und e i n e m Pantoffel, mit herabhängenden, vergebens wiederholt von ihm heraufgezogenen Strümpfen, den Berg hinauf, wo die Harzhütte steht, die er selbst errichtet hat (…). Hier fand sich eine zusammenhangende Ofenreihe, wo Steinkohlen abgeschwefelt und zum Gebrauch von Eisenwerken tauglich gemacht werden sollten; allein zu gleicher Zeit wollte man Öl und Harz auch zu Gute machen, ja sogar den Ruß nicht missen, und so unterlag den vielfachen Absichten alles zusammen."
J. W. Goethe, *Dichtung und Wahrheit*, 10. Buch

Eine Begleiterscheinung dieses eindrucksvollen Pioniergeistes erscheint uns heute bedenklicher als den Menschen damals: All die Köhlereien und Färbereien und Glasfabriken und chemischen Unternehmen in den Wäldern, all dieser Fortschritt also sorgt dafür, dass die Wälder in Rauch gehüllt sind. Bei den

Wasserläufen kommt noch das bedenkenlose Einleiten von Abwasser und chemischen Rückständen hinzu. Nimmt man die auf den Bauernhöfen anfallende Gülle dazu, so teilt sich das Bild jener „guten alten Zeit" in eine Barockgesellschaft mit höfischem Glanz inmitten einer zerstörten und verpesteten Umwelt.

Zur Verwertung der bei Ottweiler gefundenen guten Tonerde lässt Wilhelm Heinrich eine Porzellanfabrik errichten, die jedoch trotz des Zuzugs guter Porzellanmaler nicht floriert und bald in eine Steingutfabrik umgewandelt wird. Immerhin kann man heute im Museum schöne Arbeiten begutachten.

Die Förderung der Landwirtschaft durch rationellere Bewirtschaftung, gezielte Düngung und das Verbot, Felder brachliegen zu lassen, wird durch eine wichtige Neuerung ergänzt: Die Kartoffel, angeblich 1696 von einem Bauern aus Bischmisheim erstmals angepflanzt, wird auf Geheiß des Fürsten systematisch angebaut. Freiwerdende Flächen sind mit Klee zu bepflanzen, der als Viehfutter dienen soll, weil auf diese Weise das Vieh besser gemästet und gleichzeitig der Dung einfacher gesammelt werden kann. Niemand darf einen Obstbaum umhauen, ohne einen neuen gesetzt zu haben. Ja, sogar die Seidenzucht versucht der Fürst heimisch zu machen, indem er die Anpflanzung von Maulbeerbäumen empfiehlt und ein Fachbüchlein nachdrucken lässt.

Fortschritt auf Pump

All das kostet natürlich viel Geld. Und Wilhelm Heinrich gibt mehr aus, als er hat. Die großartige Bauerei, die Zuwendungen an Günstlinge, der alljährliche mehrmonatige Aufenthalt in Paris, die glänzende Hofhaltung daheim und die damals grassierende Soldatenspielerei – all das verschlingt Unsummen. Er versucht, die Löcher durch Verpachtungen und Pump zu stopfen; selbst von seiner Schwiegertochter Wilhelmine leiht er sich 51 000 Gulden. Eine Fülle kleinlicher Abgaben, Gebühren und Taxen wird ersonnen, um den Bürgern das Geld aus der Tasche zu ziehen. Aber es hilft alles nichts: Wilhelm Heinrich wird einen Berg von Schulden hinterlassen.

Doch noch wird Salut geschossen: 1766 trifft die 15-jährige Prinzessin Wilhelmine von Schwarzburg-Rudolstadt, zukünftige Gattin des Erbprinzen Ludwig, in Saarbrücken ein. Die Städte lassen sich nicht lumpen und geben für die Hochzeitsfeierlichkeiten 3 000 Gulden aus, ja, alles, was Rang und Namen in der kleinen Residenzstadt hat, ist bemüht, sich bei der zukünftigen Herrschaft beliebt zu machen. Hüttendirektor Salomon Alexander lässt Kanonen abfeuern, ein Konkurrent namens Beer-Herz spendiert der Volksmenge roten und weißen

Ein frühes Produkt der ersten Saarbrücker Druckerei: eine Huldigungsadresse zur Vermählung des Erbprinzen Ludwig, 1766.

Wein. Die Investition lohnt sich: Bald löst Herr Beer-Herz die Brüder Alexander als Pächter der Halberger Hütte ab. Der Braut jedoch ist kein erfreuliches Schicksal beschieden, wie zu berichten sein wird.

1767 erleidet Wilhelm Heinrich einen Schlaganfall, 1768 stirbt er im Alter von fünfzig Jahren und wird in der Schlosskirche von Saarbrücken beigesetzt, wo sein von vier goldenen Löwen getragenes, mit den Allegorien der Gerechtigkeit und der Wahrheit geschmücktes Grabmal, noch heute zu bestaunen ist. Die Fürstin-Witwe Sophie übernimmt die Vormundschaft für ihren Sohn Ludwig. Eine schöne und geistvolle Frau übrigens. Kein Geringerer als der Enzyklopädist Denis Diderot zeigt sich von ihr so begeistert, dass er ihr 1758 sein Drama *Le père de famille* widmet.

Fürst Ludwig: „Er lebte vergnüglich ..."

Fürst Ludwig von Nassau-Saarbrücken, Herr zu Saarwehrden, Ottweiler, Homburg, Jugenheim, Wöllstadt, Rosental und Malberg, ist kein Förderer von Wirtschaft und Handel wie sein Vater, sondern Erbe von 1,8 Millionen Gulden ... Schulden. So muss er, dessen Europareise als Erbprinz allein 230 000 Gulden gekostet hat, seine Herrschaft unter der demütigenden Kuratel einer kaiserlichen Schuldentilgungskommission beginnen. Er lebt dann auch, den alten Chronisten zufolge, „in größter Sparsamkeit", was bei Fürstens heißt: Er wohnt anfangs auf seinen Jagdschlössern. Immerhin hat seine Gemahlin eine Mitgift von 300 000 Francs mitgebracht. Ein kleiner Vergleich: Zu jener Zeit beträgt der Jahresverdienst eines Bergarbeiters 120 bis 130 Gulden. Weitere ansehnliche Summen bringen Verkauf, Verpachtung und Verpfändung von Ländereien, so dass die Sparauflagen im Jahre 1782 aufgehoben werden können. Und doch: Zählten Zeitgenossen bei Fürst Wilhelm Heinrich auf, was er alles für sein Land getan habe, so notierte man bei seinem Sohn lediglich, wie vergnüglich er lebte.

Das Soldatenspiel ist auch Ludwigs Leidenschaft. Die beiden Regimenter in französischen Diensten und das Kreiskontingent – Saarbrückens Beitrag zum oberrheinischen Regiment – genügen ihm nicht. Er hält ein ganzes Bataillon Infanterie und eine Schwadron Reiter, deren Uniformierung ihn lebhaft beschäftigt. Wie bezahlt Ludwig das alles? Zum Teil mit „Subsidien" des französischen Königs – auf deutsch: mit Bestechungsgel-

Fürst Ludwig von Nassau-Saarbrücken: kein Förderer seines Landes wie sein Vater Wilhelm Heinrich, sondern ein Bonvivant. – Johann L. Lucius, Öl auf Leinwand um 1770.

dern, mit denen Frankreich sich die Abhängigkeit der umliegenden kleinen Residenzen sichert.

Seine zweite Leidenschaft sind die Frauen.

Das „Gänsegretel von Fechingen"

In Wahrheit hieß sie Katharina Kest (1757–1829) und war Dienstmädchen bei einer Geliebten des Fürsten, der Frau von Dern. Ludwig sieht Katharina dort, 16-jährig, und macht sie zur neuen Maitresse. Nur: Sie gebiert ihrem Herrn ein Kind nach dem anderen, insgesamt sieben. Das ist nun doch etwas peinlich. Doch wozu ist Ludwig sein eigener Gesetzgeber? Und so erlässt er die Verordnung, dass bei unehelichen Kindern die Namen der Väter nicht mehr ins Kirchenbuch einzutragen seien. Stattdessen erhalten Katharinas Kinder phantasievolle Namen. Der erste Sohn zum Beispiel wird Ludwig Albert von Ludwigsberg genannt. Die schöne Maitresse wünscht sich natürlich einen schönen Titel. Ludwig macht sie zur Freifrau von Ottweiler. Weil die Nassauer Verwandtschaft aber Katharina und ihren Kindern den Fürstenrang verweigert, erwirbt Ludwig darüber hinaus die lothringische Herrschaft Dillingen und lässt sich von König Ludwig XVI. den Titel „*duc de Dilling*" verleihen. Nun ist das Gänsegretel Freifrau von Ottweiler und Herzogin von Dillingen. Zu guter Letzt setzt Ludwig beim Kaiser durch, dass dieser Katharina zur Reichsgräfin ernennt, womit alle unehelichen Kinder der ehemaligen Magd in den Grafenstand erhoben werden.

Die Zeugnisse über das Gänsegretel sind je nach Stellung zu ihr gefärbt. Freiherr Knigge nennt sie *die vortreffliche Gemahlin, die der Fürst sich, mit Hinwegsetzung über die elenden Convenienzen von Stand und Geburt, nach seinem Herzen gewählt hat*. Fürst Montbarey – von ihm wird gleich zu sprechen sein – sieht hingegen nur *Berech-*

Katharina Kest, die vom „Gänsegretel von Fechingen" zur zweiten Gemahlin des Fürsten Ludwig aufstieg. – Gemälde von Johann Friedrich Dryander.

nung und Koketterie dort, wo sie sich einfach natürlich gibt. Erschreckend auch die Urteile zweier ihrer Töchter. *Nur eine Stunde im Tage war uns Kindern peinlich,* schreibt eine, *wenn wir hinüber in den Saal mussten, um den Eltern unsere Aufwartung zu machen. Da weiß ich wohl, wie oft ich zitternd stand, wenn Mama erschien und, nachdem ich ihre Hand geküsst hatte, mit Strenge meinen Anzug musterte und meine Haltung, wie ich gewöhnlich mit einem Verweise entlassen wurde.* Eine andere Tochter skizziert die Mutter präzise: *Kluges Betragen, sicherer Takt, gepaart mit einer großen Kälte des Herzens und Charakters.*

Refugium auf dem Halberg

Und die „echte" Fürstin? Ihres Gatten und seiner Maitresse überdrüssig, hat sie sich schon 1773 mit dem kleinen Erbprinzen Heinrich (1768–1797) auf den Halberg zurückgezogen. Viele aus der Bürgerschaft trauern ihr nach, und als sie 1774 von den Blattern genesen ist, überreicht man ihr zahlreiche Geschenke. Das der Krahnengesellschaft ist besonders sinnig: ein kleines Lustschiff für den Hüttenweiher.

Erst 29 Jahre alt stirbt Fürstin Wilhelmine im Juli 1780. Und nun nutzt der Fürst wieder das Sommerhaus auf dem Halberg. Schon 1772 hat er – leider – die Mithrasgrotte ausräumen lassen, um sie zur Kulisse für barocke Belustigungen und Schäferspiele zu nutzen. 1788/89 kommt allerlei Schnickschnack hinzu. Stengel junior baut ein Finkenhäuschen und renoviert die alte Fasanerie, errichtet ein chinesisches Häuschen, Grotten, einen Billardsaal. Auf dem Dach des chinesischen Häuschens können die Gäste ein kurioses Wunderwerk bestaunen: „fogelmaschinen", also vermutlich mechanische Vögel, die zwitschern und mit den Flügeln schlagen – wie Andersens „Chinesische Nachtigall". Im Speisesaal findet sich die Inschrift: „Je veux que mon plaisir soit le plaisir des autres", „Ich will, dass mein Vergnügen das der anderen sei."

Tatsächlich darf sich an all diesen Köstlichkeiten auch das Volk erfreuen, denn *Höchstderselbe* (hat) den *Pflichten eines weisen Landesvaters zu Ihrer eigenen inneren Beruhigung ein völliges Genügen gethan, (...) den Einwohnern beider Städte, sowie auch Fremden ein offener Weg und Gelegenheit zu erlaubten Vergnügungen und Gemütserholungen verschaffet und eingeräumet,* wie Regierungsrat Rollé mit zweifelhafter Grammatik, aber einwandfreier Gesinnung vermerkt.

Doch längst hat der Halberg starke Konkurrenz bekommen: das neuere und reicher ausgestattete Schloss auf dem Ludwigsberg. Während vom Halberger Lustschloss wenigstens Ansichten aus der Ferne einen Eindruck geben, ist man bei Schloss Ludwigsberg auf mündliche Beschreibungen, einige Aquarelle mit Details und 22 Miniaturen in Gestalt von bemalten Elfenbeinknöpfen angewiesen. Immerhin wird deutlich, dass Ludwigsberg samt Park nicht mehr barock geometrisch gestaltet ist, sondern im neuen Stil, also wie ein englischer Landschaftsgarten. Freiherr Knigge spricht von einem Orangeriegebäude und von Überraschungen wie einem Fuder Heu, in dem ein ganzer Speisesaal verborgen ist, und mehr.

Ehen werden im Himmel geschlossen

Das kleine Fürstentum Nassau-Saarbrücken liegt damals fast als Enklave im Reich des großen Nachbarn: Die Festung Saarlouis ist französisch, Lothringen und damit das linke Saarufer bis nahe an Saarburg gehören seit 1766 zu Frankreich, außerdem ein ausgedehntes Gebiet rechts der Saar bis in die Nähe von Tholey. Paris kann also gefährlich werden. Oder nützlich.

Für Nassau-Saarbrücken ist es zu jener Zeit nützlich gewesen. Dass Fürst Ludwig wie seine Vorgänger Regimentsinhaber des Königs von Frankreich ist, bedeutet mehr als nur Ehre. Es bringt Geld. Ludwig bezieht als „Colonel Propriétaire" 20.000 Livres Gehalt (seinem höchsten Beamten zahlt er 1.542 Gulden), und alle Offiziersstellen kann er gegen gute Bezahlung vergeben. Doch all das ist nun gefährdet. Ein Grund dafür ist die bedrohliche Finanzlage Frankreichs, ein anderer die immer lauter werdende Forderung, keine Fremdregimenter, sondern nur noch französische Soldaten zu unterhalten.

Wie kann Ludwig seine Pfründe sichern? Nur über eine

Person: den französischen Kriegsminister, Fürst de Montbarey. Er stammt aus einer vornehmen Familie der Franche-Comté, ist reich und ehrgeizig. Ihm fehlt nur noch eins: ein Schwiegersohn aus altem Adel für seine Tochter Maximilienne (1761–1838). Nassau-Saarbrücken gehört in diesen Kreis, und einen Erbprinzen gibt es auch. Der Kontakt wird hergestellt, obwohl Montbarey einige Hindernisse erkennt. Das größere: Nassau ist protestantisch. Das kleinere: Der ins Auge gefasste Schwiegersohn, Prinz Heinrich, ist erst elf Jahre alt. Die Mutter des Bräutigams ist dagegen, die der Braut dafür. Aber das macht nichts: Ihrer beider Meinung ist nicht gefragt. Somit steht dem „Glück" der beiden Kinder nichts mehr im Wege, und im September 1779 werden sie getraut.

Die Konfessionsfrage wird routiniert gelöst: Die Zeremonie findet nach protestantischem und katholischem Ritus statt, und die Erbprinzessin erhält einen Geistlichen sowie eine eigene Kapelle. Nach der Hochzeit kehrt sie zu ihren Eltern zurück und bekommt 300 000 Livres *zum Spiel und zu ihrer Unterhaltung*. Der französische König steuert 100 000 Livres bei, und Fürst Ludwig schenkt der Braut Diamantohrringe, die, wie die Fürstin Montbarey rasch taxiert, *fast ebensoviel wert sind wie die ganze Mitgift*.

> **Ein elfjähriger Bräutigam**
> Nun folgt das ganze Ritual einer barocken Fürstenhochzeit: Maskenball und Parforcejagd in Nassau, ein dreitägiges Fest auf Schloss Reichhofen bei Hagenau, zu dem die ganze Provinz eingeladen wird. *Es war prachtvoll*, so die Baronin Oberkirch, der wir weitere Beobachtungen verdanken: *Der Neuvermählte wollte auf dem Balle nicht mit seiner Frau tanzen; man musste ihm mit der Peitsche drohen, wenn er fortwährend schrie wie ein Käuzchen, und ihm dagegen eine Unmenge von Nüssen, Mandeln und Zuckerwerk aller Art zustecken, damit er ihr nur die Hand beim Menuett reichte.*

Für Fürst Ludwig geht die Rechnung auf: Im folgenden Jahr kann er das Regiment „Nassau-Cavallerie" errichten, wird zum Generalleutnant der französischen Armee ernannt und sieht seinen Subsidienvertrag um zehn Jahre verlängert.

Der junge Bräutigam bezieht 1782 die Universität Göttingen, hört unter anderem bei Lichtenberg Physik, lebt dann in Italien und in Berlin. Im Frühjahr 1789, also zehn Jahre nach der Hochzeit, zieht das junge Paar endlich unter ein Dach, nämlich ins Erbprinzenpalais. *Ihr gegenseitiges Benehmen ist ein recht gutes*, vermerkt der zeitgenössische Chronist Gottlieb. *Die Ehe mit dieser frömmelnden Prinzessin zerstörte das Jugendglück des Prinzen*, schreibt ein anderer. *Es ist allgemein bekannt, dass sie nicht zusammen leben*, so ein dritter, *sie besucht das Schloss des Schwiegervaters nicht und hat sich, um etwas Zerstreuung zu finden, auf eigene Kosten ein Gartenhaus gemietet.*

Einsturz der Alten Brücke

„Von November 1783 bis Fasnacht [1784] herrschte in St. Johann-Saarbrücken eine solch grimmige Kälte, dass das Vieh in den Ställen und die Vögel in der Luft erfroren. Auch mancher Mensch sank durch die Kälte ins Grab. Dauernder Schneefall hemmte den Verkehr. Da trat plötzlich Tauwetter ein, die Saar schwoll schnell und hoch an, und es folgte ein starker Eisgang. (…) Bis zum 27. [Februar] war die Saar so angewachsen, dass nachts der ausgetretene Fluss zu allen Toren der Stadt eintrat. Nach wenigen Stunden stand das Wasser in allen Straßen und Häusern 3 bis 5 Fuß hoch, und die Saar selbst konnte nicht mehr unter dem Brückengewölbe durch. Ungeheure Wassermassen stürzten auf die Pfeiler los, und um Mitternacht brach die Brücke krachend zusammen. Mit dem Sturz drang das bisher gestemmte Wasser so schnell vorwärts, dass der Krahnen auf der Saarbrücker Seite weggerissen wurde und viele Schiffe und Mühlen zugrunde gingen."

Aus *Geschichten und Sagen der Saar*

Alles Theater

Nun zu Fürst Ludwigs dritter Liebhaberei, dem Theaterspielen. Im Schloss hat er ein „Hoftheater" eingerichtet, wo alle mitzuwirken haben, vom Fürsten angefangen bis hinunter zu Lakaien und Mägden. Wenigstens auf der Bühne herrscht bereits ein Hauch von Demokratie. Und bald lässt Ludwig sich von Balthasar Wilhelm Stengel, Sohn und Nachfolger des Generalbaudirektors, ein Hoftheater errichten – etwa dort, wo heute die Kunsthochschule steht, und nun werden *herrliche Schauspiele* gegeben, wie Regierungsrat Rollé überliefert, *so dass Höchstdero mildeste Herablassung und Güte allenthalben ausgezeichnet hervorleuchtet ...*

1770 hat Ludwig Schauspielaufführungen in Mannheim besucht, wo Kurfürst Karl IV. Theodor regiert, und dabei die Uraufführung von Schillers *Die Räuber* mit August Wilhelm Iffland als Franz Moor erlebt. Nicht nur Goethe und Schiller sind von dessen Kunst begeistert, sondern auch Fürst Ludwig; er lädt Iffland ein, nach Saarbrücken zu kommen.

Iffland nimmt an. Er ist hoch verschuldet und braucht zusätzliche Honorare, um sich über Wasser zu halten. Zwar schreibt der äußerst sensible Menschenbeobachter an seine Schwester: *Das Leben des Adels ekelt mich an.* Aber: *Das Glück tut für mich, und ich muss ihm den Hof machen.* Also stellt er, der genialste Schauspieler seiner Zeit, sich nicht nur willig mit Laien auf die Bühne, sondern er, einer der erfolgreichsten Bühnenautoren jener Jahre, schreibt für Fürst Ludwig Gelegenheitsstücke plattester Art. Leider erntet er nicht immer bares Geld. *Von Saarbrücken erhielt ich eine goldene Dose!*, schreibt er seiner Schwester. *Wozu? Ich schnupfe nicht, ich wage nicht, sie zu verkaufen, aber die Reise* (nach Saarbrücken) *kostete mich 77 Gulden!* Sein Ausweg: Er lässt die Dose bei mehreren Mannheimer Juwelieren schätzen, das hebt seinen Kredit.

Luassan oder: Problemlösungen auf der Bühne

Dann kommt eine Gelegenheit, bei der Iffland sein Genie zeigen kann. Am 14. Juli 1789 haben Pariser Bürger das Volk bewaffnet und die Bastille erstürmt. Natürlich beobachten die Saarbrücker Bürger, was sich jenseits der Grenze tut. Und einen Monat später legt die Doppelstadt Saarbrücken/St. Johann dem Fürsten eine fünfseitige Liste mit Beschwerden vor.

Neben Kleinkram – das Kartenspiel solle einheitlich verboten oder erlaubt sein, Tabak und Branntwein sollen frei gehandelt werden dürfen, Geistliche sollen ihr Holz selbst bezahlen – steht da Brisanteres: Einsicht in die Landkassenrechnung, Aufhebung aller Monopole, keine Haussuchungen durch den Landhauptmann. Püttlingen, Saarwerden und Harskirchen unterstellen sich kurzerhand der Französischen Republik. Güdingen und Bübingen, wo sich „Patriotenparteien" nach französischem Vorbild gebildet haben, stellen eigene Forderungen auf: Sie wollen nicht länger die Chaussee im zwei Stunden entfernten Dudweiler unterhalten, die Gebühr für das Halten einer Ziege müsse entfallen, die Eschberger sollen ihre Hammelherden nicht auf Güdinger Bann weiden lassen et cetera. Der Fürst weist sie barsch zurück: *Diese Beschwerden verdienen keiner reflection.*

Der Residenzstadt gegenüber gibt er hingegen in einigen Punkten nach, gewährt Einblick in die Landkasse, zahlt sogar zurück, was er zuviel entnommen hatte. Freien Handel mit Tabak und Branntwein bewilligt er ebenso wie niedrigere Preise für Kohle. Die Unzufriedenheit der Saarbrücker Bürgerschaft schlägt daraufhin in servile Dankbarkeitsbezeugungen um. Die Kaufleute der Krahnengesellschaft denken sich etwas Besonderes aus. Sie bestellen beim Schauspieldirektor Iffland ein Theaterstück, das, um es mit Ifflands Worten zu sagen, *dem Bunde der Eintracht und Liebe der Städte Saarbrücken, St. Johann und Ottweiler* gewidmet ist. Er schreibt ein Stück namens *Luassan*. In einer Gesellschaft, zu deren beliebtesten Gesellschaftsspielen auch Anagramme gehören, also das Umstellen der Buchstaben eines Wortes zu einem anderen, wird sofort verstanden, dass Luassan natürlich „NassauL", also Nassau Ludwig heißt. Garisene lässt sich leicht als „Saar-Genius" deuten, der tatsächlich im Lauf des Stückes auftaucht. Und nun läuft ein Stück Fürsten-Apotheose ab, so servil, so verlogen, dass es seinesgleichen sucht. Besserwisser treten auf, die gerechter regieren wollen als der Kalif, und werden von einem vernünftigen „Alsafi" dialektisch geschickt dahin gebracht, dass sie am Schluss einsehen: Nur Luassan kann's richten. Und wer ist Alsafi? Das Anagramm verrät's: Es ist Iffland.

Doch der bringt auch noch das Gänsegretel – das der Fürst inzwischen geheiratet hat – als Fee aus dem Volke auf die Bühne. „Fürstin" darf sie sich laut Gerichtsbeschluss nicht nennen? Kein Problem für einen Autor: Iffland stellt sie als „Kassuenda" auf die Bühne, woraus der Geübte nicht nur „Katharina" herausliest, sondern auch „Nassau". Mit anderen Worten: Der Autor gibt ihr, was die bösen Agnaten ihr verweigern: den Fürstinnentitel. Dramaturgisch routiniert verzögert er das Happy End durch den Auftritt der bösen Fee „Antouga", hinter der sich die „Agnaten" sowie deren Anhänger „O"ranien und „U"singen verbergen.

Der Erfolg des Stückes war sicher gewaltig, und Iffland wird mit einer Pension belohnt. Dass sie nur 300 Gulden beträgt, wird ihn enttäuscht haben, dafür aber bekommt er noch etwas anderes: Saarbrücken ernennt ihn zum Ehrenbürger, zum ersten in einer langen Reihe.

„Vive la République"

In Frankreich ist die Stimmung immer radikaler geworden. Im Juni 1791 missglückt ein Fluchtversuch des Königs; eine sich bildende Koalition der europäischen Mächte zur Zerschlagung der Französischen Revolution, mündend in die „Pillnitzer Deklaration" des deutschen Kaisers und des preußischen Königs, wird in Frankreich als Provokation empfunden. Am 31. Oktober 1791 rückt ein französisches Korps von etwa 10 000 Mann in Saarbrücken ein und bezieht Quartier teils in den Städten, teils in einem Lager bei Malstatt. Bald prangt auf dem St. Johanner Markt ein Freiheitsbaum, „Vive la République!" ist zu hören, blauweißrote Kokarden leuchten. Der Fürst stellt das Saarbrücker Schloss den französischen Offizieren zur Verfügung, übersiedelt ins Jagdschloss Neunkirchen und muss sich auch von seinen eigenen Untertanen immer neue Zugeständnisse abringen lassen – bis hin zur Aufhebung der Leibeigenschaft.

Doch es ist zu spät. 1792 erklärt Frankreich Preußen und Österreich den Krieg, und nach der Hinrichtung König Ludwigs XVI. bildet sich eine übernationale Streitmacht gegen Frankreich. Fürst Ludwig vertraut noch immer auf seine alten Beziehungen zu Frankreich, verbietet den nach Saarbrücken hereinströmenden Emigranten und Priestern den Aufenthalt, lässt Deserteure festnehmen; die französischen Truppen erhalten Lebensmittel und Futter für die Pferde. Das Hospital und Waisenhaus am Ludwigsplatz wird Lazarett.

Der Krieg beginnt. Das von den Franzosen besetzte Mainz wird belagert, Husaren dringen bis Homburg vor. Ludwig steht vor der Entscheidung, eine Gefangennahme und damit als Adliger die Guillotine zu riskieren, oder zu fliehen, was den Verzicht auf seine Ländereien bedeutet. Er findet eine passable Ausrede: Seiner Gicht wegen brauche er eine Badereise, jenseits des Rheins natürlich. Und unverzüglich reist er mit Frau und drei Söhnen nach Baden-Baden ab, so dass ein Verhaftungskommando in Neunkirchen nur noch ein leeres Haus vorfindet.

Fürst Ludwig führt in Baden-Baden und dann in Mannheim einen „ziemlichen glänzenden" Hof, wie ein Zeuge schreibt, und erhält dafür von der Bürgerschaft beider Städte 25 000 Gulden; später nimmt er weitere 100 000 Gulden auf. Als die Front näherrückt, flieht er nach Aschaffenburg, wo er am 2. März 1794 im Alter von 49 Jahren stirbt. Beigesetzt wird er in der Laurentiuskirche in Usingen.

„Das Schreckensjahr 1793"
Am 11. Januar 1793, wenige Tage vor der Hinrichtung des französischen Königs, hat die *Légion de la Moselle* in der Doppelstadt ihr Winterquartier bezogen. Als erstes werden die Häuser nummeriert: Es sind 281 in Saarbrücken (gegen 126 im Jahre 1741) und 184 in St. Johann (1741: 142). Die Soldaten sind vom Winterfeldzug im Hochwald und der vergeblichen Belagerung Triers erschöpft; viele sind krank und elend. Die Dörfer und die Spitäler liegen voller Verwundeter.
Nun werden das Residenzschloss, die Lustschlösser und das Palais des Erbprinzen geplündert. Möbel und Silber, Spiegel und Gemälde, Wagen, Pferde und Vorräte werden abtransportiert; noch 1938 findet sich in einem Keller unter dem Straßenpflaster eine Hirschkuh aus Meißner Porzellan, die damals der Plünde-

rung entging. Alle Kirchenglocken werden eingeschmolzen, alle goldenen und silbernen Gerätschaften der Katholischen Kirche einkassiert. Dann kommen die Magazine und Vorräte der Kaufleute und Fabrikanten an die Reihe. Nicht nur Eisenwaren, sondern auch Leinwand und Leder werden beschlagnahmt.

Das Duell der Kanonen

Nach dem Fall von Mainz am 23. Juli 1793 rücken die Preußen auf Saarbrücken vor; die Zeit der preußischen Offiziere wie Kalckreuth, Knobelsdorff und vor allem Blücher ist gekommen; auch Prinz Heinrich ist als preußischer Oberst dabei. Vom 29. September bis zum 17. November wird Saarbrücken von Preußen und Sachsen belagert. *Gestern und heute rollt der Kanonen Donner unaufhörlich in unserer Nachbarschaft*, notiert Philipp Bernhard Horstmann in einem Brief vom 28. September, *gestern entfernt, heute näher. Sie glauben nicht, wie angenehm diese sonst fürchterliche Musik in unseren Ohren ist.*

Die Franzosen schießen vom Winterberg, Kalckreuth platziert seine schweren preußischen Batterien auf dem Halberg, von wo die Preußen, wie ein Offizier schreibt, „die schönste Aussicht in ein arkadisches Tal" genießen. *Der Feind führte mehre Werke* (Geschütze) *gegen sie auf, von denen eins mit Sechzehnpfündern, welche Sarrelibre lieferte, besetzt war*. So hieß nun Saarlouis, das nicht länger den Namen des Sonnenkönigs tragen sollte.

Militärisch bringt das alles wenig, weil die Geschütze nicht bis zum gegnerischen Berg tragen. Leidtragende sind wie immer die Bürger. In den Aufzeichnungen alter Saarbrücker finden sich Berichte wie der vom Kind des Zimmermanns Brenner in St. Johann, dem eine preußische Haubitze *den Arm halb wegschlug und den Leib aufschlitzte, wovon das Kind ganz schwarz wurde und gleich darauf starb.* Blücher webt indessen an seiner eigenen Legende von Mut und Unverwundbarkeit, indem er täglich die Front abreitet und sich dem Feuer der französischen Scharfschützen aussetzt.

Der Brand des Saarbrücker Residenzschlosses, dessen Ursache ungeklärt blieb. – Johann Friedrich Dryander, Öl auf Leinwand um 1795.

Am 7. Oktober 1793 kommt es dann zu jener Katastrophe, der Prinz Heinrich vom Halberg aus hilflos zusehen muss: Das Stadtschloss brennt. Durch wessen Schuld, bleibt ungeklärt. Waren es „die Franzosen", wie verbohrte Nationalisten stets behaupteten (ohne zu berücksichtigen, dass man wohl kaum ein Gebäude anzündet, in dem hunderte der eigenen Verwundeten liegen, die Offiziere logieren und im Hof ein Munitionswagen steht)? Waren es (wie schon früh behauptet wurde) Saarbrücker „Patrioten", die den im *Corps de Logis* residierenden Franzosen eins auswischen wollten? Oder war es gar eine der preußischen Kanonenkugeln vom Halberg? Oder, ganz simpel, eine umgefallene Kerze? Die Lustschlösser auf Ludwigsberg und Halberg sind ebenfalls in Flammen aufgegangen, ebenso das Comödien-Haus neben dem Ludwigsplatz. Nur das Erbprinzenpalais am Schlossplatz bleibt unversehrt, wohl weil der französische Stadtkommandant dort residiert. Die Preußen, durch einen Aufstand in Polen ohnehin abgelenkt, verharren untätig und ziehen sich im November endgültig zurück.

Die Guillotine auf dem Schlossplatz

Im August 1793 ist Jean François Ehrmann aus Straßburg als sogenannter Volksrepräsentant zum Regierungschef berufen worden. In puncto Fanatismus, Dogmatismus und Härte gleicht der Philosophieprofessor einem Robespierre aus der Provinz. Das beginnt mit Kleinigkeiten und Kleinlichkeiten, etwa dem Befehl, alle Wappen an öffentlichen Gebäuden zu entfernen, sogar in Stein gehauene Tierköpfe und sämtliche Zunftinsignien. Was jedoch in ganz Deutschland Aufsehen erregt, ist der Fall Lohmüller/Huppert.

Die Spannungen zwischen den bäuerlichen Grundbesitzern und den Tagelöhnern hatten in der Bildung von „Patriotenparteien" ihren Ausdruck gefunden. In Güdingen zum Beispiel waren das 22 Personen. Als nun die Preußen kamen, erhielten sie von Jakob Lohmüller, dem Meier von Güdingen, eine Liste mit den Namen der Patrioten. Nicht um ihnen ans Leben zu gehen, sondern einfach aus Schikane. In der Hoffnung nämlich, sie bei Zahlungen und Sonderdiensten für die Preußen besonders geschröpft zu sehen. Ähnlich sollen Nickel Huppert, der Meier von Bübingen, und ein Dritter namens Valentin Müller verfahren haben.

Mit dem unerwarteten Abzug der Preußen und der Ankunft der Franzosen wendet sich das Blatt. Die Patrioten sehen eine Chance, sich an Lohmüller, Huppert und Müller zu rächen, und zeigen sie bei Ehrmann an. Müller kann fliehen, die beiden anderen werden verhaftet und am nächsten Tag einem Schnellgericht vorgeführt. Es heißt, man habe ihnen die Anklage vorgelesen – auf Französisch, wovon beide kein Wort verstehen; beide hätten beteuert, unschuldig zu sein – auf Deutsch, dessen nun leider der Ankläger nicht mächtig ist, dann werden sie wieder in ihr Gefängnis am Schlossplatz geführt. Einen Tag später, es ist der 11. Dezember 1793, rasselt die *Guillotine ambulante*, eine fahrbare Guillotine also, aus Metz kommend, auf den Schlossplatz. Die beiden Häftlinge, die möglicherweise erst jetzt erfahren, dass sie zum Tode verurteilt sind, werden vor den Augen einer großen Menschenmenge herausgeführt und enthauptet.

Der Standort der Guillotine auf dem Platz war viele Jahre mit einem weißen Kreuz gekennzeichnet. Dass gerade an dieser Stelle immer der Schnee schmolz, hielt man lange für eine patriotische Legende, bis sich zwei Jahrhunderte später herausstellte, dass dort ein alter Brunnen der mittelalterlichen Burg unter dem Straßenpflaster mündete. Und da war es eben immer etwas wärmer.

Assignaten: „Nachahmung wird mit dem Tode bestraft."

Schon kurz vor der Revolution hat Frankreich immer größere Mühe gehabt, in Silbergeld zu zahlen. Ein genialer Ausweg scheint darin zu bestehen, auf die beschlagnahmten Kirchen- und Krongüter, aber auch auf die Vermögen der Emigranten und zum Tode Verurteilten Anweisungen auszugeben, sogenannte „Assignaten". Bald überschwemmen diese Papiere den Markt, doch sinkt ihr Wert bald drastisch bis auf ein halbes Prozent des aufgedruckten Wertes.

Vor diesem Hintergrund wird klar, was es bedeutete, dass Volkskommissar Ehrmann im Oktober 1793 beiden Saarstädten befiehlt, *wegen Verachtung der republikanischen Münze* binnen 24 Stunden *eine Million Livres in barem Geld zu bezahlen gegen Empfangnahme der gleichen Summe in Assignaten*. Für den folgenden Tag werden alle Vermögenden in die Ludwigskirche zu einer Beratung bestellt, die „stürmisch" verläuft. Am Schluss hat man 835.451 Livres zusammen. Weitere 23 000 Livres in Kupfermünzen lehnt Ehrmann ab, da sie von den Armen stammen, die man nicht besteuern wolle. Das klingt gut, nur: Er befiehlt dem Magistrat, das Kupfer in Silbergeld zu wechseln. In dieser Form kann Ehrmann sich damit abfinden, dass es sich um das Geld der Armen handelt – und steckt es ein.

Die 4452 Bürger der beiden Städte hatten also eine Million Livres (die 1795 den Namen Francs erhalten) aufzubringen. Um diese Summe annähernd einzuschätzen, hier ein Vergleich: 1796 kostete ein Zentner Weizen elfeinhalb Francs (also Livres), ein Paar Schuhe knapp fünf Francs und ein Pfund Schweinefleisch einen halben Franc.

Einer „der bedeutendsten protestantischen kirchlichen Zentralbauten Deutschlands im Barock": die Ludwigskirche in Saarbrücken, 1762 begonnen.

Am ersten Weihnachtstag 1793 verlässt Ehrmann Saarbrücken, und am gleichen Tag wird nach vierzehn Wochen Pause wieder ein Gottesdienst in der Ludwigskirche abgehalten. Der Sturz Robespierres am 9. Thermidor (27. Juli) 1794 beendet den *terreur* in Paris und auch in der Provinz. Der Kirchenbesuch bleibt jedoch umstritten. Als zum Allerheiligenfest einige Lothringer zum Gottesdienst nach St. Johann kommen, werden sie abgeführt, müssen „Vive la République" rufen und werden zum Tor hinausgewiesen. Immerhin gestaltet man in Saarbrücken, anders als in Saarlouis, die Kirchen nicht in „Tempel der Vernunft" um. Erst nach dem Konkordat Bonapartes mit Papst Pius VII., 1801, wird allen konfessionellen Gruppen (ab 1808 auch den Juden) die öffentliche Ausübung ihres Kultes gestattet.

1796 steht Frankreich vor dem Staatsbankrott. Bei einer neuen Zwangs„anleihe" hat Saarbrücken erneut 150 000 Francs aufzubringen, von denen 117 000 auf die 34 reichsten Bürger der Stadt entfallen. Dazu gehören die Kaufleute Korn, Schmidtborn, Röchling, Firmond, Haldy und andere, an die heute noch Straßennamen erinnern („Korns Eck", „Haldystraße").

Heinrich, letzter Fürst von Nassau-Saarbrücken, avanciert in der preußischen Armee zum Oberst der Kavallerie, erhält dann vom preußischen König Schloss Kadolzburg in Franken zum Aufenthalt. Der Vorfriede von Leoben lässt die Bürger hoffen, dass die französische Herrschaft ende und der Erbprinz zurückkehren könne. Doch dann kommt alles anders. Am 26. April 1797 stürzt Prinz Heinrich bei einem Ausritt und stirbt am folgenden Tag im Alter von 29 Jahren. Im Saarbrücker Land will man die Nachricht lange Zeit nicht glauben; immer wieder taucht das Gerücht auf, er sei hier oder da gesehen worden. Die Herrschaftsansprüche gehen auf Fürst Karl Wilhelm von Usingen, einen Neffen Wilhelm Heinrichs über, ohne dass er sie je ausüben kann. 1976 erst wird Prinz Heinrichs letzter Wunsch erfüllt: Man überführt seine sterblichen Überreste auf den Halberg.

Ludwigs zweite Frau Katharina, das ehemalige „Gänsegretel", führt in den folgenden Jahren Prozesse um Geld, versucht bei Napoleon I. die Erbnachfolge für ihren Sohn Adolf durchzusetzen, was die Nassauer erfolgreich abwehren, und findet sich dann mit einer ansehnlichen Rente von 9 000 Gulden ab. 1829 stirbt sie in Mannheim im 72. Lebensjahr.

Am dramatischsten gestaltet sich das Schicksal von Prinz Heinrichs Frau, Prinzessin von Montbarey. Nach 14 Monaten Haft in Metz wird sie nach Paris gebracht, wo ihr Bruder auf der Guillotine endet. Nur Robespierres Sturz bewahrt sie vor demselben Schicksal. Da das elterliche Vermögen eingezogen worden ist, lebt sie zunächst in Armut abwechselnd in Paris und in Usingen. Vier Jahrzehnte später, am 12. April 1838 – man reist inzwischen mit der Eisenbahn nach Nürnberg und dem Dampfer nach Amerika, bestaunt Daguerres Photographien und Morses Telegraph – liest man im Saarbrücker Anzeiger wie einen Gruß aus grauer Vergangenheit, dass Maximilienne de Montbarey, Erbprinzessin von Nassau-Saarbrücken, als 77-Jährige in Paris gestorben sei.

Unter Napoleon

Das linke Rheinufer kommt zu Frankreich

Inzwischen ist Bonaparte von einem Sieg zum anderen geeilt. Und wer noch gehofft haben mag, das Fürstentum Nassau-Saarbrücken werde wieder auferstehen, der muss bald dazulernen. Kaiser Franz II. hat nämlich im Frieden von Campo Formio (17. Oktober 1797) in einer Geheimklausel zugunsten Frankreichs auf die linksrheinischen Gebiete verzichtet, was der Frieden von Lunéville 1801 endgültig bestätigen wird.

Am 31. Dezember 1797 erhält die Bürgerschaft sozusagen als Neujahrsgeschenk diese Nachricht, und schon am 23. Januar des folgenden Jahres gliedert der Regierungskommissar das linksrheinische Gebiet neu. Alle alten Verwaltungs- und Gerichtsbehörden werden abgeschafft. Saarbrücken teilt sich nun in die Kantone Saarbrücken, St. Arnual, Lebach, Ottweiler, Merzig, St. Wendel, Blieskastel sowie Waldmoor und wird Hauptstadt eines Kantons und eines Arrondissements, das mit denen von Trier, Birkenfeld und Prüm das neue Département Sarre bildet. Da Saarbrücken/St. Johann nur 4452 Einwohner hat und damit die für einen Kanton nötigen 5000 Köpfe nicht erreicht, werden Malstatt, Burbach, Rußhütte und Brebach mit dem Halberger Werk einbezogen. Die wichtigste Position nimmt der Kommissar ein; in Saarbrücken ist es der Franzose Louis Joseph Bernard, in St. Arnual der deutsche Pfarrer Friedrich Köllner.

Und noch mehr ändert sich: Vom 4. Frimaire des Jahres Zwei an, also dem früheren 24. November 1793, gilt der Republikanische Kalender, der die Zeitrechnung mit der Errichtung der französischen Republik am 22. September 1792 beginnen lässt.

Zudem werden die Bürger aufgefordert, „spontan" den Wunsch nach Vereinigung mit Frankreich zu äußern. Der zeitgenössische Chronist Firmond überliefert ein umlaufendes Bonmot: *Da wir ruiniert sind, sollen wir uns mit ihnen reunieren.* In diesen Sarkasmus mischt sich bald eine Art widerwilli-

So sah ein unbekannter Maler Saarbrücken im Jahre 1760.

ger Anerkennung für die folgenden Reformen. Ein vortreffliches Straßennetz entsteht, eine pünktliche Verwaltung regelt alles von den Schulen bis zur Steuer, die Justiz ist streng. Prozesse haben nun öffentlich und mündlich zu verlaufen, wobei der 1804 eingeführte *Code civil* (ab 1807 *Code Napoléon*) die Grundlage bildet. Die Feudallasten sind abgeschafft, Bauern werden zu freien Eigentümern. 1806 wird der *Octroi* eingeführt, eine Verbrauchssteuer, die die Waren verteuert, aber der Stadt Möglichkeiten bietet, Schulden zu tilgen. Schutzzölle begünstigen die einheimische Wirtschaft. Impfungen gegen Blattern werden obligatorisch; es gibt einen Seuchenarzt und einen Gesundheitsrat. Wer bei Feuer als erster mit der Spritze eintrifft, wird belohnt.

Da das Hospital am Ludwigsplatz weiterhin als Militärlazarett verwendet wird, macht die Hospitalkommission 1807 aus dem Wahlsterschen Haus am Gersweiler Weg, bisher Wirtshaus, ein Heim für Blinde und Epileptiker, Geisteskranke und andere hilfsbedürftige Menschen.

Ab 1808 wird die uralte Route von Paris über Metz, Saarbrücken, St. Johann, Homburg nach Mainz als „Kaiserstraße" ausgebaut, eine zweite von Straßburg über Saarbrücken und Merzig nach Trier. Der Metzer Straße in Saarbrücken wird die heutige Führung gegeben, um die Steigung zu verringern. Sogar die Kanalisierung der Saar, seit dem Mittelalter im Gespräch, nimmt Napoleon 1806 in Angriff. Natürlich vor allem, um die Einfuhr der Saarkohle nach Frankreich zu erleichtern. Fünf Schleusen von Saargemünd bis St. Arnual werden errichtet, dann stoppt der Kriegsverlauf den weiteren Ausbau.

1810 werden die ersten Straßenlaternen aufgestellt. Man legt die Tore nieder, und in St. Johann bauen die Bürger an die Stadtmauer an und brechen Fenster hinein. Die früheren zwölf Viehmärkte werden wieder eingerichtet. Jede Nacht kommen Kuriere aus Paris und Mainz, dreimal die Woche fahren Reisekutschen nach Straßburg und Trier, und die schon zu Fürstenzeiten eingerichteten Verbindungen der Personenpost bestehen weiter. Wer komfortabler reisen möchte, nutzt ein *auf vier Federn hängendes Kabriolet* von Metz nach Mainz, da es laut Zeitungsinserat *sehr bequem und sanft ist.* Doch das nützt wenig, wenn die Straßen miserabel sind. Der französische Unterpräfekt stellt bei einer Inspektionsreise 1810 fest, in den Dörfern gäbe es meistens keine Pflasterung, und Misthaufen verstopften die Straßenrinnen. Der Saarbrücker Maire erlässt pflichtgemäß entsprechende Anordnungen.

Kohle, Stahl, Industrie

Die Kohleförderung sinkt zunächst fast auf die Hälfte, bis 1797 die französische Gesellschaft Lasalle, Duquesnoy & Cie alle Nassau-Saarbrücker Eisenhütten pachtet. Durch strenge Arbeitsbedingungen und Reglementierungen steigert sie den Ertrag beträchtlich. Zu jener Zeit entsteht auch eine Selbsthilfeorganisation auf Gegenseitigkeit, eine frühe Knappschaftskasse.

Die Eisen- und Stahlerzeugung, in diesen Kriegszeiten natürlich besonders wichtig, wird durch die Übernahme technischer Neuerungen aus England bereichert. An der Spitze liegt Gouvys Werk Goffontaine, das bei Pariser Ausstellungen hohe Auszeichnungen unter anderem für Waffen und Präzisionswerkzeuge errungt und 1801 die für damalige Verhältnisse beträchtliche Jahresproduktion von 90 Tonnen erreicht. Gouvy wird einer der reichsten Männer an der Saar. (Nebenbei: Ein Nachkomme, Louis Théodore Gouvy (1819–1898), von großen Musikern wie etwa Berlioz hochgeschätzt, wurde inzwischen als Komponist wiederentdeckt.)

Nach Auslaufen der Pachtverträge verkauft die französische Regierung 1806 die Hütten an neue Investoren, und nun sind es vermehrt deutsche. So erwirbt die später so bedeutsame Familie Stumm, eine alte Eisenhütten-Dynastie aus dem Hunsrück, 1809 die Fischbacher Schmelze und die Halberger Hütte und gründet zur Aufbringung des Kaufpreises eine Aktiengesellschaft. Doch auch die Société Gouvy bleibt aktiv. 1808 assoziiert sich Gouvy mit dem Unternehmen Schmidtborn & Cie und expandiert durch Zukauf des Scheidter Hammers und des Jägersfreuder Stahlwerkes. Was für unsere Ohren großartiger klingt, als es war: Alle drei Werke beschäftigen zusammen nur 34 Arbeiter.

Das Arrondissement Saarbrücken ist besonders bemerkenswert durch seine Kohlenlager, welche von unerschöpflichem Reichtum sind, informiert 1802 ein Jahrbuch, *auch finden sich in demselben Eisen- und Kupferbergwerke, Hämmer, Hüttenwerke, Drahtziehereien, Salinen, Glashütten, Papierfabriken, Salmiak-, Berliner Blau- und Rußfabriken.* Wobei die Baumwollspinnereien, Tuchmanufakturen, Tabakfabriken, Ölmühlen, Gerbereien und Bierbrauereien noch nicht einmal erwähnt sind.

Die „Kontinentalsperre", eine von Napoleon 1806 verfügte Wirtschaftsblockade, soll England in die Knie zwingen. Sie sorgt nicht nur für massiven Schmuggel, sondern schadet der einheimischen Wirtschaft – und damit auch der Saar. *Kaum sieht man heute alle Halbjahr ein Schiff mit Waren die Saar passieren*, meldet ein zeitgenössischer Bericht: *Die Warenla-*

ger sind verschwunden, der Handel hat einen anderen Weg genommen. Mag sein. Dennoch leiden die Saarbrücker Kaufleute keine Not. Allein die Lieferungen an die Armee sorgen für gute Gewinne. Das zeigt sich nicht zuletzt in einer Neugründung der Krahnengesellschaft.

Das Saarbrücker Wochenblatt bleibt eine Lokalzeitung

Nach einem Jahr Pause ist auch die Hofer-Zeitung 1794 wieder erschienen, mit neuem Kopf und zweisprachig, zunächst als „Saarbrücker Wochenblatt", dann als „Saarbrücker Intelligenzblatt". Die wenigen erhaltenen Exemplare lassen erkennen, dass die Machart des wöchentlich erscheinenden, etwa DIN A 5 großen Blättchens recht simpel war: Die spärlichen Nachrichten sind vor allem aus dem amtlichen „Trierischen Ankündiger für das Saardépartement" abgeschrieben, der sie wiederum aus dem Pariser „Moniteur" bezieht.

Ergiebiger ist der Lokalteil. Das „Saarbrücker Wochenblatt vom 6ten Thermidor 12ten Jahres (Mittwochs den 25ten Julius alt)", also aus dem Jahre 1804, meldet auf Seite eins, dass beim Metzger Kuhn ein gutes Pferd *zum reithen wie auch zum fahren* parat stehe, dass in der Altneugasse *ein Logis im 2ten Stock zu verlehnen* ist und jemand einen *noch guten Meelkasten* kaufen möchte. In der Ausgabe vom „19ten Pluvios 13ten Jahres (Freitag den 8ten Februar alt)", also 1805, wird eine Wohnung *bey der Ludwigskirch* angeboten und sodann über eine *unfehlbare Methode* berichtet, sich vor ansteckenden Krankheiten zu schützen, nämlich durch Räuchern mit Schwefelsäure, in die Salpeter gestreut wird. Im Übrigen werden Vermieter ermahnt, sich Belege ihrer Mieter über bezahlte Steuern zeigen zu lassen. Und das dreipfündige Weizenbrot kostet 57 Cent oder 16 Kreuzer, ein Pfund bestes Ochsenfleisch 39 Cent oder 11 Kreuzer. Überraschend sind zwei Dinge: dass zu jener Zeit zwei Währungen nebeneinander gültig sind, und dass ein Jahrzehnt nach Einführung des Revolutionskalenders immer noch das alte Datum benutzt werden darf.

Daneben wird von einem satirischen Blatt namens *Argus révolutionnaire* berichtet, dessen Herausgeber, ein Geistlicher, ab und zu ein kritisches Wort gegen die jakobinische Herrschaft riskiert haben soll. Leider ist kein Exemplar erhalten.

Unter dem Kaiserreich

1802 stimmte Frankreich darüber ab, ob Bonaparte Konsul auf Lebenszeit werden soll. Während in Frankreich 3,5 Millionen Ja-Stimmen nur 8 000 Nein gegenüberstehen, votierte das Arrondissement Saarbrücken mit 8767 Ja gegen 417 Nein. Doch zwei Jahre später, als es um die Wahl zum Kaiser geht, stimmt auch Saarbrücken fast hundertprozentig mit Ja. Außer den genannten Verbesserungen im Alltagsleben wird nolens volens ein wachsender Respekt vor den militärischen Erfolgen des Korsen dazu beigetragen haben.

Überhaupt ist aus den Aufzeichnungen der Chronisten herauszulesen: Man hat sich mit der Lage abgefunden. Von einer *nüchternen, arbeitsamen, aufgeklärten und in jeder Hinsicht sehr schätzenswerten Bevölkerung* spricht das Jahrbuch des Départements für das Jahr 1810. Und die Einwohnerzahl steigt allmählich. 1812 haben beide Städte zusammen 5900 Einwohner. Im Saarbrücker „Colleg" (der späteren Casinogesellschaft) unterhalten sich nicht nur die Bürger bei Tabak und Bier und diskutieren die Zeitung, sondern dort erholen sich auch die französischen Beamten.

Die ständigen Truppendurchzüge belasten zwar, bieten aber auch ein immer neues Spektakel. Nach der Niederlage von Jena und Auerstädt, 1806, werden 23 000 gefangene Preußen in Saarbrücken beköstigt. Nach der Schlacht von Eylau, 1807, ziehen gefangene Russen durch die Stadt. Einmal werden Engländer nach Saarlouis geführt, dann Schweden, bald danach reist ein portugiesisches Regiment durch. Spanier in exotisch bunten Uniformen kommen, erst als Hilfstruppen, dann als Gefangene. *Was die Kriegsaffairen in diesem Jahr anbelangt*, notiert Heinrich Gottlieb, *so können die hiesigen*

Bürger und Einwohner mit Grund behaupten, dass sie Kriegsvölker von allen Nationen gesehen haben, als Russen, Mamelucken, Preußen, Polen, Sachsen, Hessen, Schweden, Engländer, Spanier, Holländer, Italiener, Franzosen, welche alle hier durchpassiert sind… und dass die Einquartierungslast fast unerträglich war. Unvermeidlich, dass manche Krankheit eingeschleppt wird; 1813 fordert die große Typhus-Epidemie hier rund tausend Opfer.

Ereignisse wie die Geburtstage Napoleons, seine Krönung zum König von Italien (25. Mai 1805) und seine Hochzeit mit Erzherzogin Marie Louise (1. April 1810) werden im ganzen Land gefeiert. Dass er eine Habsburgerin zur Frau bekommt, halten viele für ein Zeichen baldigen Friedens, und die Geburt eines Thronerben, des Königs von Rom, wird nun schon fast als eigene Angelegenheit betrachtet. Reist der Kaiser selbst durch Saarbrücken, wie es die Lage an einer wichtigen Fernstraße mit sich bringt, informiert der Maire die Bewohner rechtzeitig und ermahnt sie, sich auf der Straße zu zeigen und „Vive l'Empereur!" zu rufen, so im Oktober 1804. Zwei Jahre später macht Napoleon sogar in Saarbrücken Halt und frühstückt im *Hirschen* in der Obergasse. Nach dem Frieden von Tilsit wird er am 25. Juli 1807 abends besonders festlich in Saarbrücken empfangen. Das Obertor ist mit einem Triumphbogen samt Porträt des Kaisers geschmückt, weißgekleidete, blumenstreuende Jungfrauen fehlen nicht. Während des Pferdewechsels hält sich der Kaiser diesmal eine Stunde im Gasthaus *Zur Post* auf. Am 24. September 1808 reist er abermals durch, um sich mit dem russischen Zaren zu treffen, am 7. November erneut, diesmal Richtung Paris. Am 16. April 1812 passiert er die Saarstädte in Richtung Osten und zum letzten Mal in umgekehrter Richtung am 6. November 1813. Diesmal aber sind die Kutschenfenster verhängt: Napoleon kommt von der Völkerschlacht bei Leipzig.

Doch Kriege kosten. Frankreich braucht Geld und verkauft die beschlagnahmten fürstlichen Liegenschaften; auch in Saarbrücken. Leider kann die hoch verschuldete Stadt nicht mithalten. Deshalb geht die Schlossruine samt Garten an einen Spekulanten, der ihn unverzüglich parzellenweise an sieben

Saarbrücker Kaufleute weiterveräußert. So entstehen die „Siebenherrengärten", wie sie lange Zeit hießen. Unter den Käufern ist auch Philipp Stumm, der gemeinsam mit seinem Bruder Ferdinand 1809 die Eisenhütte am Halberg betreibt.

Der Baumeister Johann Adam Knipper bricht um 1810 das stark beschädigte dritte Stockwerk des Schlosses ab und macht aus den verbleibenden zwei fürstlichen Etagen drei bürgerliche. Lange blieb diese Veränderung vergessen, bis der Saarbrücker Denkmalpfleger Dieter Heinz durch Entdeckung der an den Quaderecken erkennbaren ursprünglichen Geschossbegrenzungen die „Verbürgerlichung" aufzeigen konnte. Es war also keine barocke „Hochstapelei", dass auf alten Stichen das Schloss so hoch erscheint. Übrigens hatten die so geschaffenen Wohnungen keinen guten Ruf: Es hieß, dort gingen Geister um.

Künstler-Idyll im Chaos

Eins fehlt im damaligen Saarbrücken ganz: die Kunst. Es gibt kein Theater, keine Oper, kein Orchester, und die am Hof tätigen Künstler haben sich einträglichere Regionen gesucht. Einzige Ausnahme ist der Saarbrücker Barock- und Hofmaler Johann Friedrich Dryander (1756–1812). Sein wohl bekanntestes und mehrfach kopiertes Bild zeigt das brennende Saarbrücker Schloss, ein anderes eine Ansicht beider Städte um 1750. Dabei war Dryander eigentlich kein ausgemachter Landschaftsmaler, sondern verdiente sein Geld hauptsächlich mit Porträts, dank derer wir heute wissen, wie das „Gänsegretel", der Erbprinz und führende Köpfe der Saarbrücker Gesellschaft aussahen. Bis zur Französischen Revolution malte Dryander hauptsächlich Personen aus Adelskreisen und reiche Bürger.

Manche Werke wie etwa „Französische Truppen vor St. Johann" lesen sich wie wahre Bildergeschichten, andere dokumentieren ebenso präzise wie poetisch das Aussehen der Doppelstadt, das wirtschaftlich wichtige Flößen von Baumstämmen, aber auch frühbiedermeierliches Familienleben. Während der Revolutionszeit wird Dryander vermehrt von Offizieren engagiert, und im frühen 19. Jahrhundert porträtiert er vor allem den jungen bürgerlichen Geldadel der beginnenden Industrialisierung, entwirft auch Ofenplatten und eiserne Vasen für das St. Ingberter Eisenwerk.

Husaren und Kosaken in Saarbrücken

Im Oktober 1813 unterliegen Napoleons Soldaten der alliierten Übermacht; der große Rückzug beginnt. Im Januar 1814 besetzen nachrückende alliierte Truppen die Doppelstadt. Erneut heißt es umlernen: Als Amtssprache gilt wieder Deutsch statt Französisch, statt Maire Bruch regiert nun Bürgermeister Böcking. Doch halt – beim Pariser Frieden vom 30. Mai 1814 setzt sich der französische Außenminister Talleyrand durch: Frankreich wird zwar auf die Grenzen von 1790 zurückgestutzt, behält aber die Industrieregion an der Saar. Die alliierten Sieger wollen damit die wiedererstandene Bourbonenmonarchie stärken. Die Bürger jedoch, die man natürlich nicht gefragt hat, reagieren wütend und verzweifelt, viele deutsche Sympathisanten fühlen mit ihnen. So Friedrich Rückert:

> „An der Brück' an der Saar,
> Ihr deutschen Vögelein,
> Weil groß ist eure Schar,
> Bin ich euch denn zu klein?
> Bin ich auch deutsch fürwahr –
> Und ihr lasst mich allein?
> An der Brück' an der Saar."
> Aus: *Arm Saarvögelein* von Friedrich Rückert, 1814

Also verdrängt man das eben Gelernte und ruft „Vive le Roi!", denn „l'Empereur" ist nun erledigt, wie man meint. Doch das Verwirrspiel hat noch kein Ende. Am 1. März 1815 kehrt Napoleon aus der Verbannung in Elba zurück, die ihm entgegengesandten Truppen laufen zu ihm über, und in Saarbrücken kramt man die blauweißroten Kokarden wieder hervor und ruft „Vive l'Empereur!" Hundert Tage später kommt Waterloo, die Schlacht bei Belle-Alliance, das endgültige Ende für Napoleon. Weitere fünf Tage danach, am 23. Juni 1815, marschieren 12000 Bayern auf St. Johann zu, werden von der französischen Nationalgarde unter Feuer genommen, halten dies für ein Zeichen feindlicher Gesinnung der Bürger und töten bei der Erstürmung der Stadt sieben Zivilisten, darunter eine Frau.

Saarbrücken und (im Vordergrund) St. Johann im 19. Jahrhundert.

Zudem schlagen sie ihr Lager zwischen Malstatt und Burbach auf und plündern beide Dörfer erbarmungslos aus.

Am 22. Juni 1815 hat Napoleon erneut abgedankt, am 3. Juli kapituliert Paris. Was wird nun aus den Saarstädten? Die Bürgerschaft ist eher deutsch gesinnt, doch gibt es eine einflussreiche profranzösische Minderheit, die sich vor allem aus Kaufleuten zusammensetzt. Die Mehrheit aber entsendet eine Delegation nach Paris, um bei den Siegermächten Stimmung für eine Rückkehr zu Deutschland zu machen. Die Saarbrücker erleben nun (nicht zum letzten Mal in ihrer Geschichte), dass zwei Staaten um ihr Land feilschen, wobei politische und wirtschaftliche Argumente ausschlaggebend sind, nie aber die Meinung der Bewohner. Oder doch?

Ein glücklicher Zufall: Der preußische Staatskanzler Karl August von Hardenberg, der bei der zweiten Pariser Konferenz

Preußens Interessen zu verteidigen hat, reist mit Minister Wilhelm von Humboldt am 10. Juli 1814 durch Saarbrücken. Man überreicht ihm eine Adresse: *Die Einwohner von Saarbrücken haben die Ehre, Ew. Hochfürstliche Durchlaucht untertänigst anzuflehen* etc. Er konferiert mit der deutsch-patriotischen Partei im Gasthaus *Zur Post*, nimmt dann „tief gerührt" die Rückkehr von Saarbrücken/St. Johann, Saarlouis und Landau in eine Denkschrift auf. Damit wird zwar abermals gegen die Rückkehr zu den Grenzen von 1790 verstoßen, denn Saarlouis und Landau waren am Stichtag tatsächlich französisch, doch die Sieger entscheiden im 2. Pariser Frieden vom 20. November 1815 in Hardenbergs Sinne. Das Haus Nassau wiederum tritt Saarbrücken an Preußen ab und wird durch andere Gebiete großzügig entschädigt.

Nicht alle sind glücklich. Niemand allerdings reagiert so dramatisch wie Pierre Gouvy, der Besitzer des Stahlwerks Goffontaine am Eschberg. Er macht sein Testament, unterschreibt mit „Gouvy mort Français" und ertränkt sich in einem Teich seines Werkes.

Als die Preußen in die Festung Saarlouis einziehen, finden sie auf einem Vorwerk namens „Halber Mond" den französischen Soldaten Lacroix, den man beim Abzug vergessen hat und der pflichtbewusst drei Tage auf seinem Posten ausharrte. Lange Zeit hielt sich die Redensart: *Der steht da wie Lacroix auf'm Halwe Mond*.

Die preußische Provinzstadt

Saarbrücken muss sich bescheiden

1815 fällt also Saarbrücken mit der Saargegend an das Königreich Preußen und wird der Provinz Niederrhein zugeteilt, die ab 1822 Rheinprovinz heißt. Der Königliche Kommissarius Matthias Simon übernimmt die Neuordnung der Verwaltung. Erste bittere Erkenntnis: Die ehemals fürstliche Residenzstadt, dann wenigstens Hauptstadt eines Arrondissements, muss sich nun bescheiden: Der Kreis Saarbrücken mit seinen 24 541 Bewohnern und zehn Bürgermeistereien gehört zum 1816 gebildeten Regierungsbezirk Trier, wo auch die Regierung mit dem Oberpräsidenten sitzt. Die Bürgermeisterei Saarbrücken selbst umfasst die Doppelstadt Saarbrücken-St. Johann und die Dörfer Malstatt, Burbach und Brebach, sie weist 3184 Einwohner auf. 1817 wird mit Wilhelm Heinrich Dern der erste und außerordentlich erfolgreiche Landrat des neuen Kreises ernannt.

Preußische Maße, Gewichte und Währung werden erst 1833 eingeführt, bis dahin gibt es weiterhin den Scheffel Weizen, die Mandel Eier und ein fröhliches Durcheinander von französischen Sous und deutschen Kreuzern.

Die Ehrmannsche Zwangsanleihe von 1793 wird lange verhandelt und mit einem unbefriedigenden Kompromiss beendet: Die Bürger erhalten sieben Prozent dessen, was sie damals bezahlen mussten. Der Oktroi wird aufgehoben, aber durch eine Mahl- und Schlachtsteuer ersetzt, was heißt, den Teufel mit dem Beelzebub auszutreiben. Dabei ist die Umstellung schwierig genug. Fabrikanten und Kaufleute trennt nun eine Zollmauer von den gewohnten Abnehmern in Frankreich. Auch die Eisenindustrie hat es anfangs schwer: weniger Regierungsaufträge, Abschottung des bisherigen französischen Marktes, technologischer Vorsprung der rheinischen und englischen Konkurrenz. Da die einheimischen Erze zu Ende gehen, müssen sich die Hütten auf lothringische und luxemburgische Minette umstellen. Zwar verringert die Saar das Transportproblem, doch stockt die Verschiffung oft durch niedrigen Wasserstand. Erst in den 1830er-Jahren kommen Verbesserungen durch Vertiefung der Fahrrinne und Anlage von Treidelwegen.

Aufschwung

Wieder zeigt sich die allgemeine Unzufriedenheit in einer hohen Zahl von Auswanderern. Die Regierung versucht gegenzusteuern, indem sie die Landwirtschaft fördert und den Straßenbau vorantreibt. Bürgermeister Böcking (1831–1838) verbessert die Stadtfinanzen durch Verkauf von Land und bessere Nutzung des Waldes, kann damit neue Schulen bauen, die Wasserleitung verbessern, einen neuen Friedhof anlegen und einen Hospital- und Armenunterstützungs-Fonds gründen.

Die Dampfmaschine kommt
Für die Verbindung zwischen der damaligen Kohlengrube Bauernwald bei Geislautern und der Saar wird schon 1819 in Berlin eine Dampflokomotive bestellt. Nach einer erfolgreichen Probefahrt mit „achttausend Pfund" Last reist sie, in 174 Teile zerlegt, an die Saar. Nur: Weder Pläne noch ein fachkundiger Ingenieur sind dabei. Also geht man daran, die Maschine selber zusammenzubauen, was fast ein halbes Jahr dauert. Doch so sehr man auch den Kessel heizt – die Lokomotive rückt und rührt sich nicht. Schließlich wird sie als Alteisen verkauft – und der Saar die Chance genommen, die erste Eisenbahn des Kontinents besessen zu haben. Dann lernt man mit der neuen Erfindung umzugehen, und die Textilindustrie setzt als Erste erfolgreich Dampfmaschinen ein.

Dank der Umstellung auf Maschinenarbeit und der Gründung des deutschen Zollvereins von 1834 wachsen in den 1830er- und 1840er-Jahren Gewerbe und Industrie. Gerbereien, Färbereien und Tuchfabriken nehmen Aufschwung, ebenso Baumwollspinnereien, Maschinen- und Steingutfabriken sowie Glashütten. Sehr erfolgreich sind auch drei Tabakfabriken – da in Frankreich ein Tabakmonopol herrscht, blüht der Schleichhandel über die Grenze. Nicht weniger als 23 Brauereien exportieren nach Frankreich und Belgien. Sogar eine Pianoforte-Fabrik gibt es.

Matthias Simon hat 1816 den Bergbau dem Oberbergamt in Bonn unterstellt. Die Kohleförderung der 18 Steinkohlengruben steigt von 100 000 t (1816) auf 600 000 (1850), die Zahl der Beschäftigten ebenfalls auf das Sechsfache. Das zieht viele Zulieferbetriebe nach sich – Fördertechnik, Seilereien, Kettenfabriken, Hersteller von Seilbahnen und Hebeeinrichtungen.

Schweinehirt und Mandelmilch

Verständlich also, dass Saarbrücken in einer Beschreibung der Preußischen Rheinprovinzen von 1823 als „vielleicht reichste Stadt Rheinpreußens" bezeichnet wird. Weniger verständlich, dass der Autor gleichzeitig den „Luxus" und die „Sittenverderbnis" anprangert, *wozu die französische Leichtfertigkeit sehr viel beigetragen hat.*

„Luxus"? Lange Zeit noch bleibt es dabei, dass fast jede Familie sich zur Eigenversorgung eine Kuh oder Schweine hält. Eduard Haas, ein alter Saarbrücker, erinnerte sich 1912: *Jeden Morgen tutete um 1850 in St. Johann der Schweinehirt, worauf die Bürger ihre Ställe öffneten und das Borstenvieh sich durch die Gassen wälzte.* Denkt man sich dazu, dass zu jedem Haus ein Dunghaufen gehört und viele ihren Müll heimlich in eine Nebengasse kippen, erhält das gute alte Biedermeier seinen eigenen „Duft". Erst später wird die Straßenreinigung Aufgabe der Gemeinde.

1796 ist aus der „Literarischen Tagesgesellschaft" das „Colleg" geworden; ab 1817 nennt es sich „Casinogesellschaft", erwirbt als Vereinslokal ein Haus in der heutigen Wilhelm-Heinrich-Straße (die spätere „Tonhalle") und vergrößert es durch einen Ballsaal. *Die älteren Herren tranken meist Zuckerwasser*, so Haas, *zu dem besonders Sparsame den Zucker selbst mitbrachten.* Allerdings gibt es auch Bier vom Fass. Man raucht lange Tonpfeifen, studiert die „Journale" und vergnügt sich am Billard (dem einzigen der Stadt). Ein junger Assessor, der sich keck einen Schoppen besseren Weins bestellt, wird (laut Überlieferung) scheel angesehen: *Wer so luxuriös lebt, wird keine Hiesige zur Frau kriegen.* Die hiesigen jungen Damen tragen bei Tanzvergnügungen der Casinogesellschaft einfache Kattunkleider, die älteren stricken, nippen an ihrer Mandelmilch und taxieren die anwesenden Offiziere der Garnison auf ihre Tauglichkeit als Schwiegersohn. Und einmal in der Woche spielt die Regimentsmusik.

Der *Bär* ist das meistbesuchte Gasthaus in St. Johann, später entsteht der *Rheinische Hof*. Erste Adresse in Saarbrücken ist immer noch die *Post* in der heutigen Wilhelm-Heinrich-Straße. Gleich daneben, auf dem Ludwigsplatz, kommen alle Kutschen an. Die aus Metz ist ein schweres, zweistöckiges Monstrum, von fünf Schimmeln gezogen. Die „Börsenpost" hingegen ist für ihre Schnelligkeit berühmt: Von Paris bis Frankfurt braucht sie nur viereinhalb Tage.

Kaffeehäuser und Bierwirtschaften sind zahlreich, wobei die Saarbrücker offenbar einiges vertragen: Serviert werden hier nur Flaschen von $\frac{3}{4}$ oder einem ganzen Quart, und das ist mehr als ein Liter. Größere Ausflüge führen zur „Alten Bremm", wo der Rotwein nur acht bis zwölf Sous kostet und Brot mit Rahmkäse dazu gegessen wird. Der Rückweg entlang der heutigen Metzerstraße verläuft dann in angeregter Stimmung. Nur: Nicht jeder kann sich's leisten. Ein Tagelöhner bekommt für seine Arbeit von morgens 5 Uhr bis abends 7 Uhr nur acht Silbergroschen (sgr.), ein Maurer 12 bis 15. Das Pfund Butter kostet sechs sgr., ein Dutzend Eier drei, ein Spanferkel 15 sgr.

Höhepunkte sind die alljährliche „Kirb" in „Köhle Garten" und in „Daarle", wo ein Veteran von Napoleons Russland-Feldzug ein primitives Karussell betreibt. Von den 1840er-Jahren an bildet sich eine „Momus" genannte lustige Runde, die Lustspiele inszeniert, Karnevalssitzungen und Maskenbälle veranstaltet; 1857 kommt Konkurrenz namens „M'r sin nit so" hinzu (die gibt es noch heute). Gelegentlich tritt ein Wachsfigurenkabinett auf dem Schlossplatz auf oder eine Menagerie mit Löwen und einem Bären. Als Theater fungiert recht und schlecht die ehemalige fürstliche Reitbahn, doch man nimmt die Schwänke und Opern (von Militärkapellen begleitet) dankbar auf, zumal der billigste Platz nur acht Sous kostet. Und im Winter kann man auf dem Deutschmühlenweiher eislaufen.

Verständlich, dass in dieser provinziellen Einöde Besuche von König Friedrich Wilhelm III., des Kronprinzen sowie des Prinzen Wilhelm, des späteren Kaisers Wilhelm I., zu vaterländischen Höhepunkten werden. Kontrastprogramm ist eine Visite Kaiser Napoleons III. im Jahre 1856, und zum deutsch-französischen Ereignis wird die Ankunft der Prinzessin Helene von Mecklenburg-Schwerin, der zukünftigen Gattin König Louis Philippes von Frankreich, und die feierliche „Übergabe" der deutschen Prinzessin an Frankreich in einem Prachtzelt an der Goldenen Bremm. Niemand kann ahnen, dass 33 Jahre später an genau dieser Stelle beide Nationen in einer blutigen Schlacht aufeinandertreffen werden.

Im Vormärz

Der aufkommende Liberalismus beunruhigt die preußische Regierung. Um 1830 werden die Abiturienten vor dem Eintritt in eine Burschenschaft gewarnt: Neben anderen Strafen könne dies die Unfähigkeit für ein öffentliches Amt nach sich ziehen. Lange noch muss sich der *Saarbrücker Anzeiger* jede Ausgabe vom Zensor genehmigen lassen. Erst 1838 „geruhen" die Behörden, wie der Herausgeber es ausdrückt, „die Aufnahme politischer Artikel zu gestatten." Kritische Köpfe suchen per Inserat „einige Theilnehmer zum *Constitutionel* oder *Journal des Débats*". Und die preußischen Gerichte strafen hart: *Gehaltene Tanzmusik ohne Erlaubnis 5 Thaler* (dafür bekommt man damals zwei Säcke Roggen), *nächtliches Kartenspiel 2 Thaler.* 1835 wird ein Dieb am Pranger ausgestellt und öffentlich mit den Buchstaben TP („travaux à perpétuité" = lebenslängliche Zwangsarbeit) gebrandmarkt.

137 Saarbrücker und 204 St. Johanner wandern aus, davon mehr als die Hälfte nach Amerika. Louis Rollé als „conces-

sionierter Agent" inseriert für 16 regelmäßige Postschiffe nach New York von 1000 bis 1500 BRT. Sein Kollege Philippi vermittelt „schnellsegelnde Paquetschiffe" nach New York für 70 Gulden = 40 Taler. Barmittel müssen nachgewiesen werden. Wer bleibt, muss sich mit seinen liberalen Ideen und Wünschen in Vereinen verstecken, etwa im Turnerbund, der 1849 verboten, aber 1860 neu gegründet wird, oder im Schützenverein. Doch auch hier ist Vorsicht geboten. Der preußische Präfekt in Koblenz droht mit sofortiger Auflösung *bei der Spur des leisesten Verdachts von kecker Rede oder von politischen Umtrieben.*

Nach der Februarrevolution in Frankreich, 1848, ist das Echo überall in Deutschland dennoch kräftig. Auch die Saarbrücker richten eine Adresse mit 742 Unterschriften an den König, von Ferdinand Dietzsch, Rechtsanwalt und Abgeordneter in der gerade gegründeten Nationalversammlung in der Paulskirche, verfasst. Ein deutsches Parlament wollen sie, Pressefreiheit, Versammlungsrecht, Volksbewaffnung, Wählbarkeit aller Bürger ohne Unterschied des Einkommens, ein einheitliches Strafgesetzbuch, Ersatz der Mahl- und Schlachtsteuer durch eine Einkommensteuer.

> **An Friedrich Wilhelm IV.**
> „Königliche Majestät! Wir sind die Bewohner der äußersten Grenzstadt Ihres Reiches. An unseren Fluren ragen Frankreichs Berge mit der Fahne der Freiheit. Sie lockt uns nicht; unsere Herzen schlagen für Deutschland, für Deutschland, wie es heute noch nicht ist, aber wie es sein wird und hervorgehen wird aus diesen Tagen der Prüfung, durch Freiheit, Einigkeit und Kraft seiner Völker."

Nach dem Straßenkampf in Berlin vom 18. März 1848 gibt es sogar offene Parteinahme für die Aufständischen. Am 24. April fordern 2000 Saarbrücker in der Ludwigskirche für Preußen die konstitutionelle Monarchie, Erleichterung der Steuerlast durch Abschaffung des stehenden Heeres und Verringerung der Beamten. Wieder zeigen sich Widersprüche zwischen den vermeintlichen „Schwesterstädten": In St. Johann trifft man sich im „Bürgerverein" und nutzt als Sprachrohr den radikalen

Saarboten, drüben in Saarbrücken geht man zum „Konstitutionellen Bürgerverein" und liest den gemäßigten *Saarbrücker Anzeiger*. Insgesamt bleibt es friedlich – Revolutionen wie in der Pfalz und Baden gibt es hier nicht.

Die Öllampe baumelt über der Gasse

1852 ist die Einwohnerzahl von 6 000 (1815) auf 11 000 gestiegen, wobei der stärkste Zuwachs in Malstatt und Burbach zu beobachten ist, der geringste in Alt-Saarbrücken. Man kann sogar ein Zuzugsgeld erheben, um Unerwünschte fernzuhalten. Schon die Einrichtung eines Landgerichts (1835) hat Saarbrücken aufgewertet. Sparkassen und Banken werden eröffnet. Nicht nur hierfür werden zahlreiche Beamte aus anderen Teilen Preußens an die Saar versetzt. 1858 schreibt ein Kreisstatut allen größeren Unternehmen die Einrichtung von Krankenkassen vor und verpflichtet die übrigen Arbeiter und Handwerker, der eigens für sie gegründeten Unterstützungskasse beizutreten.

1848 kommt der erste Briefkasten nach St. Johann, 1853 die erste telegrafische Verbindung von Saarbrücken nach Trier und Koblenz. Doch noch 1850 gibt es so viele Wölfe, dass vor unbewaffneten Spaziergängen gewarnt wird. Im selben Jahr wird ein Dieb öffentlich am Schandpfahl ausgestellt, und als Straßenbeleuchtung baumeln nur Öllampen an quer über die Straße gespannten Ketten. 1857 beginnt dann die Umstellung auf Gas. 1864 geht eine komfortable Schwimmanstalt am rechten Saarufer in Betrieb, die schon in den 1840er-Jahren einen Vorläufer auf dem linken Saarufer hatte.

Das geistige Leben wird allmählich reicher. Ein Leseverein bietet eine ansehnliche Sammlung literarischer und wissenschaftlicher Werke. Die Liedertafel von 1846 und der Gesangsverein, 1850 als erster gemischter Chor Saarbrückens gegründet, führen gemeinsam mit dem 1847 begründeten Instrumental-Verein Oratorien auf; auch das Militärmusikkorps wird herangezogen. Liebhaberbühnen wie „Thalia" und „Ibicus" bilden sich, und beim Theater sorgen Gastspieltruppen für Abwechslung. Allmählich nutzen auch spätere Berühmtheiten Saarbrücken als Sprungbrett. So wirkt in Konzert und Theater für zwei Jahre Hermann Levi, der bald zum bedeutendsten Wagner-Dirigenten seiner Zeit aufsteigen wird, dann der Brahms-Freund Friedrich Gernsheim, später Kompositionsprofessor in Berlin. Und mit dem Maler Louis Krevel kommt ein würdiger Nachfolger Dryanders in die Stadt. Die Casinogesellschaft leistet sich 1865 sogar einen spätklassizistischen Bau vom Architekten des Berliner Doms, Julius Raschdorff – der heutige Landtag.

Die Eisenbahn kommt

Der Misserfolg mit der Dampfmaschine von 1819 ist längst vergessen, als 1836 Pläne für eine Eisenbahn von Saarbrücken zum heutigen Ludwigshafen geschmiedet werden; sie soll der Saarkohle einen besseren Absatz ermöglichen. Die Rechnung ist überzeugend: An der Grube kostet der Zentner Kohle drei Silbergroschen, in Mannheim acht. Die Aktien sind binnen weniger Wochen vergriffen. Leider opponieren die Bayern gegen den Sitz der Bahn im preußischen Saarbrücken, die Preußen hingegen haben strategische Bedenken.

Bis dahin hat die Postkutsche dafür gesorgt, dass wöchentlich drei bis vier Dutzend Reisende in Saarbrücken übernachten, denn allein die Fahrt von Koblenz hierher dauert 41 Stunden. Die Fremdenlisten der Zeitungen nennen manchen bekannten Namen. Um 1830 sind es Siebenpfeiffer und Wirth, die Helden des Hambacher Festes, die Pianistin Clara Schumann noch als Wunderkind mit Vater Wieck, Exzellenz Wilhelm von Humboldt (auf seinen häufigen Reisen nach Paris), Baron von Rothschild und „Hr. Marx aus Trier". Nur von Victor Hugo gibt es einen Kommentar: *Saarbrücken gesehen. Ein hübscher Marktbrunnen auf dem Marktplatz. Die vier oder fünf Zwiebeltürme der Stadt gleichen alle ungefähr demselben Wasserkessel.*

Doch am 15. Oktober 1852 fährt der erste Zug aus Ludwigshafen in St. Johann ein und schließt die letzte Lücke zwi-

Ein Gleis vor dem Bahnhof, eins dahinter: der erste Bahnhof Saarbrückens in St. Johann.

schen Paris und Mannheim. Womit die „Saarbrücker Bahn", wie sie nun heißt, die zweitälteste Staatsbahn Preußens darstellt. Anschlüsse der nahegelegenen Kohlegruben an die Hauptlinie sorgten für mächtigen Aufschwung, neue Gruben kommen hinzu. Die Förderung verdreifacht sich binnen acht Jahren, die Zahl der Arbeiter steigt in fünfzehn Jahren von 2489 im Jahre 1840 auf 10 095. Auch der Personenverkehr profitiert. 1860 werden gleich zwei weitere Strecken in Betrieb genommen: Saarbrücken-Trier und die Rhein-Nahe-Bahn. Damit sind die Saarstädte bald mit den wichtigsten Zentren durch Eisenbahn verbunden.

Dass der Bahnhof nicht nach Saarbrücken, sondern nach St. Johann kam, hatte strategische Gründe und lag nicht, wie gerne überliefert, daran, dass Saarbrückens reiche Leute sich die „lästige" Bahn vom Leibe halten wollten. Im Gegenteil: Aus Sorge, buchstäblich „den Anschluss" zu verlieren, baut Saarbrücken 1866 mit der Luisenbrücke eine weitere Verbindung nach St. Johann. Dort ist man von diesen Plänen, die den gerade gewonnenen Vorsprung streitig machen könnten, nicht entzückt und gibt nur ungern Boden für das Anschlussstück her. Dennoch entsteht die heutige Eisenbahnstraße, an der sich auf beiden Seiten ein neues Viertel entwickelt, dazu entlang der Saar die Luisenanlagen und eine Platanenallee.

Malstatt und Burbach, die Aufsteiger

Eine alte Römerstraße führte mitten durch Malstatt (in früheren Texten „Mohlstadt") und Burbach, zumal es eine eigene Saarfurt gab. Schon 960 ist die Malstatter Pfarrkirche bezeugt. Von 1800 an gehören beide Gemeinden zur Mairie und später Bürgermeisterei Saarbrücken; sie profitieren im 19. Jahrhundert vom Aufblühen des Bergbaus und der Industrie. Viele Anwohner arbeiten in der Gerhard-Grube bei Luisenthal und der neuen Grube, die nach dem preußischen Finanzminister von der Heydt benannt wird. Auch das 1857 eröffnete Eisenwerk in Burbach bietet Arbeitsplätze – 1862 sind es schon mehr als tausend –, und fördert den Bau von Bergmannshäusern, die den für die Region typischen Nebenerwerb durch Landwirtschaft ermöglichen. Ab 1864 sorgt der Bahnhof Burbach für weitere Belebung, und im folgenden Jahr wird die rechte Saarseite durch einen geräumigen Hafen aufgewertet, wobei der 1866 eröffnete Saarkohlenkanal den Anschluss an das französische Wasserstraßennetz bietet. Das alles zieht weitere Unternehmen an – Zementfabriken, Koksanlagen und die große Maschinenfabrik von Ehrhardt & Sehmer.

1862 werden Malstatt, Burbach und Rußhütte zu einer eigenen Bürgermeisterei zusammengefasst. Schon 1866 zählt sie mehr als 6 000 Einwohner, 1874 bereits über 10 000, also mehr als jede der beiden großen Schwestern – aus den Marktflecken ist eine Stadtgemeinde geworden. Ein eigenes Gaswerk entsteht, eine leistungsfähigere Wasserversorgung, ein Schlachthaus, zwei moderne Schulen, eine neogotische Basilika in Malstatt und eine zweite evangelische Kirche in Burbach; die Straßen werden gepflastert. Was die Bürger besonders freut: 1895 erwirbt die Stadt den Garten des zerstörten Lustschlosses auf dem Ludwigsberg und macht ihn zu einem Erholungspark. Und 1903 wird der Turnverein Malstatt eine

Abteilung Fußball einrichten, aus der der 1. FC Saarbrücken hervorgeht.

1861 kommt das Gerücht auf, Preußen wolle die Saargruben an das Haus Rothschild verkaufen. Der Stahlwerksbesitzer Karl Stumm reist nach Berlin, um mit Bismarck zu sprechen. Und der nimmt kein Blatt vor den Mund: Er erklärt, Geld für den sich abzeichnenden Krieg gegen Dänemark um Schleswig-Holstein zu brauchen, und die Existenz Preußens sei ihm wichtiger als die Saarbrücker Gruben. Bismarck kann die Saargruben behalten, denn der Deutsch-Dänische Krieg von 1864 dauert nur ein Vierteljahr und endet mit dem Sieg Preußens. Unmittelbar danach fordert aber Napoleon III. sozusagen als Honorar für seine billigende Haltung zum Krieg alle Gebiete zurück, die 1814 in Frankreichs Besitz gewesen sind. Bismarck lehnt ab, was das Verhältnis zu Frankreich nur noch mehr belastet.

Ein kaiserlicher Prinz schießt auf Saarbrücken

> *Nun ade, Louise, wisch ab Dein Gesicht!*
> *Eine jede Kugel, die trifft ja nicht!*
> Kriegslied von 1870

Der Deutsch-Französische Krieg 1870/71 beginnt für Saarbrücken mit einer Groteske: Napoleon III., von Metz kommend, soll seinen 15-jährigen Sohn Louis, genannt Lulu, aufgefordert haben, eine Mitrailleuse auf preußische Soldaten abzufeuern. „Eben hat Louis seine Feuertaufe erhalten", schreibt der Kaiser darauf an Kaiserin Eugenie. Und die Saarbrücker errichten an dieser Stelle nicht ohne Stolz den „Lulustein".

Nach kurzer Besetzung Saarbrückens am 2. August durch Franzosen setzen diese sich am 6. August auf den Spicherer Höhen im Süden Saarbrückens fest und verstärken das Lager durch Schützengräben und Batterieeinschnitte. *Der festungsartige Rote Berg und das massive Dorf Stiering-Wendel waren kaum angreifbare Stützpunkte*, wird 1905 der Große Meyer berichten, *dennoch griffen die Vortruppen der ersten und zweiten deutschen Armee nach dem Übergang über die*

Saarbrücken als Kriegsschauplatz: die Schlacht von Spichern zu Beginn des Deutsch-Französischen Krieges von 1870/71. – Holzstich.

Saar an. Ein Saarbrücker Chronist ergänzt: *Wer nur als Fußgänger diesen steilen Hang erstiegen hat und, atemlos oben angekommen, das Blachfeld vor sich sieht, das die Preußen durchschreiten mussten, wird die Erstürmung dieser noch dazu kunstvoll befestigten Stellung für ein Ding der Unmöglichkeit halten.* Und später rutschen ihm diese defätistischen Sätze heraus: *Warum müssen sie auch geraden Weges auf den Berg losstürmen und den Stier bei den Hörnern fassen? Wie gut könnten sie den kleinen Umweg über Arnual machen, dort in aller Ruhe den Stiftswald ersteigen und die Franzosen auf gleichem Boden in der Flanke fassen!* Aber sofort ruft er sich selbst zur Ordnung: *Doch es ist nicht Zeit zu müßigen Betrachtungen.*

Die Saarbrücker begnügen sich nicht mit der Zuschauerrolle auf den Höhen ringsum, sie kümmern sich um die erschöpften Soldaten und bergen Verwundete. Unter vielen Namen bleibt der einer Frau unvergessen, deren eigener Nachname Weisgerber zugunsten dessen ihres Arbeitgebers – sie ist Dienstmädchen bei Familie Schultz – in den Hintergrund rückte.

Die „Schultzen Kathrin"
„Sie ging mit einer Wasserbütte auf dem Kopf bis an den Roten Berg vor. Ein Offizier sprengte auf sie zu: ‚Weib, machen Sie, dass Sie fortkommen! Sehen Sie nicht, dass hier geschossen wird?' ‚Oh jo, Herr Leitnant, die schieße jo nit uff mich', erwiderte die Kathrin und setzte ihr Werk unerschrocken fort."
(Aus der *Saarbrücker Kriegschronik* von Albert Ruppersberg, 1895)

Ergebnis der mörderischen Schlacht bei glühender Augustsonne: 320 Tote, 1660 Verwundete und 2100 Gefangene bei den Franzosen, 850 Tote und 4000 Verwundete bei den Preußen. Saarbrücken und Spichern werden im Deutschen Reich zu Zwillingsbegriffen. Heute erinnern zahlreiche Grabsteine und Denkmäler im „Ehrental", einem Teil des Deutsch-Französischen Gartens, an die Opfer. Und ein ironisch gefärbtes Gedicht von Arthur Rimbaud:

> „Der glanzvolle Sieg von Saarbrücken,
> errungen mit dem Schlachtruf: ‚Der Kaiser lebe hoch!'
> nach einem herrlich kolorierten belgischen Kupferstich,
> erhältlich in Charleroi für 35 Centimes", etc.

3000 Verwundete muss die Doppelstadt unterbringen. Militärlazarett und Hospital sind rasch überfüllt, man räumt Kasernen und Schulen aus, zimmert Baracken, richtet in den Grubenorten die Schlafhäuser als Lazarette ein. Selbst in Hausfluren liegen Schwerverwundete. Und immer neue Truppenmassen drängen nach; vier Armeekorps passieren die Stadt, außerdem müssen 500 französische Gefangene untergebracht werden. Der Saarbrücker Zeitung beschert dieser Krieg eine Priorität: Ihr Korrespondent übermittelt seine Nachrichten aus dem belagerten Paris mittels Ballon, womit das Blatt die erste „Luftpostmeldung" der Zeitungsgeschichte bringen kann.

1871 endet der Krieg mit einem Sieg der deutschen Armeen. König Wilhelm wird in Versailles zum deutschen Kaiser gekrönt, Deutschland annektiert Elsass und Lothringen, und Frankreich muss zudem eine hohe Kriegsentschädigung zahlen, die im jungen Deutschen Reich zunächst eine Wirtschaftsblüte auslöst. Für die Saarstädte bringen der Wegfall der Grenze und die Erschließung Lothringens neue Märkte. Und sie sorgen für enormen Zuzug. Die Einwohnerzahl Saarbrückens wächst in dem halben Jahrhundert zwischen 1860 und 1910 von rund 15 700 auf 105 000, also auf das mehr als Sechseinhalbfache.

König Stumm auf Schloss Halberg

Der „Hallberg", wie man ihn im 19. Jahrhundert schreibt, ist neben dem Ludwigsberg zum beliebten Ausflugsziel geworden. Schon 1835 lädt ein Inserat zum „Mastklettern à la Cocagne" und Wettlaufen in Säcken ein. Und noch 1870 kann man sich dort oben an „ff Weinen und frischgezapftem Bier" sowie an „Gefrorenem" laben, während man durch die noch sichtbaren rußgeschwärzten Ruinen des Lustschlosses schlendert. Das Idyll endet, als Carl Ferdinand Stumm (1836–1901), Herr über mehrere Hütten und Erzfelder, autoritärer Patron seiner Untergebenen und großzügiger Patriarch zugleich (er schenkt der Gemeinde Brebach Siedlungen, Sozialgebäude und eine Kirche, eine Kleinkinderbewahranstalt und einen Knappschaftsverein), den Halberg für 700 000 Goldmark kauft. Als die Bürger protestieren, empfiehlt ihnen Kaiser Wilhelm I. zynisch, doch ein höheres Gebot zu machen.

1877 lässt Stumm seinen Baumeister Edwin Oppler mit dem Bau seines neogotischen Schlosses auf dem Halberg beginnen, das er 1880 bezieht und mit einem prachtvollen Landschaftspark umgeben lässt. Brebach erhält einen eigenen Bahnhof, und im Fahrplan für Schnellzüge steht: „Zug hält in Brebach, wenn ein Mitglied der Familie Stumm ein- oder auszusteigen wünscht."

„König" Stumm, als Freikonservativer Mitglied des Reichstags und des Staatsrats, ist persönlicher Freund Kaiser Wilhelms II., und dieser Freund beehrt ihn im April 1892 mit einem Besuch. Unübersehbare Menschenmassen füllen das Gelände rund um den Halberg, Fensterplätze werden für

Ein wahrhaft königliches Schloss für „König Stumm", den Herrn über Stahlwerke und Erzfelder, zugleich als Reichstagsabgeordneter und persönlicher Freund Kaiser Wilhelms II. an der Entstehung der Sozialversicherung beteiligt.

20 Goldmark vermietet. „Heil Dir im Siegerkranz…", ertönt es vielstimmig, was nur unartige Knaben „das Lied von der Wonnegans" nennen: „Fühl in des Thrones Glanz / die hohe Wonne ganz". Laut Tagebuch der Baronin von Spitzemberg wagt Stumm bei jenem Treffen den Namen Bismarck zu nennen, den der Kaiser als Kanzler entlassen hat. Ein verlockendes Gedankenspiel, dieser Abend hätte zu einer Versöhnung der beiden geführt und damit zu einer anderen, besseren historischen Entwicklung, womöglich zur Vermeidung des Ersten Weltkrieges… Doch nein: „Der Kaiser schwieg sich aus", so die Spitzemberg.

„Aus Dämmerung und Nebel" das 20. Jahrhundert

*Jenseits der Scheidegrenze erhebt sich aus
Dämmerung und Nebel ein neues, ungekanntes,
undurchdringliches Land...*
Saarbrücker Zeitung vom 31. Dezember 1899

Ein Besucher, der im Jahre 1900 nach längerer Abwesenheit wieder in Saarbrücken eintrifft, kommt aus dem Staunen kaum noch heraus. Schon vom Zug aus hat er die düster-monumentale Kulisse des Burbacher Stahlwerks bestaunt. Gleich am Bahnhof Saarbrücken stößt er auf eine elektrische Straßenbahn, erfährt von einem eigenen Elektrizitätswerk (seit 1894), einem Gaswerk, einem Schlachthaus und einer neuen Wasserleitung. Man erzählt ihm von der neuen Kaiser-Wilhelm-Brücke nach Malstatt und der Erschließung des Staden. In der Bahnhofstraße, die viel eleganter geworden ist, funkeln die Geschäfte von elektrischen Lampen, und auch der Neufangsche Saal erstrahlt in diesem Wunder-Licht. Und amüsiert erzählt man dem Besucher, dass eine Panne neulich den ganzen elektrischen Zauber mit einem Schlag verlöschen ließ, worauf manche Gäste stillschweigend die Wirtschaft verließen, ohne zu bezahlen.

Und Alt-Saarbrücken?, wird der Besucher fragen. Nun ja, werden die St. Johanner beiläufig bemerken, dort gibt es wohl auch ein neues Wasserwerk und ein Schlachthaus, ein neues Land- sowie ein Amtsgericht. Auf weitere Fragen berichtet man ihm verdrossen, dass außerdem am Neumarkt gerade eine Markthalle und ein Saalbau errichtet werden, und dass im alten Kasinogarten (in der Nähe der heutigen Staatskanzlei) ein Musentempel entstanden ist, das „Thalia-Theater". Der neugierige Gast erfährt außerdem, dass sich dieses Etablissement, da ohne städtische Zuschüsse, mit volkstümlichen Werken über Wasser halten muss, sich aber doch an den „Barbier von Sevilla" und gar an den „Tannhäuser" heranwagt. Es spielt zwar nur eine Regimentskapelle, aber immerhin.

Bei einem Spaziergang entdeckt der Gast dann neue Wohnviertel am Schenkelberg und am Reppersberg. Anderes

Saarbrücken um 1900 mit Alter Brücke, Goethe-Haus und Wäschebleiche auf den Saarwiesen.

sucht er allerdings vergeblich: Mehrere historische Gebäude an der Alten Brücke, darunter das „Goethe-Haus", sind der Modernisierung zum Opfer gefallen.

St. Johann überflügelt Saarbrücken

Gemeinsame Projekte der beiden rivalisierenden Schwesterstädte gibt es übrigens auch. Der Historische Verein zum Beispiel, Nachfolger eines schon 1839 von dem Gymnasialdirektor und streitbaren Journalisten Dr. Friedrich Schröter begründeten Vereins, oder die Handelskammer für alle Unternehmen im Saarraum. Und 1905 wird man hoch über der Stadt auf dem Reppersberg das Bürgerhospital eröffnen, von Hans Weszkalnys erbaut. Und doch wird Ende des 19., Anfang des 20. Jahrhunderts unübersehbar, dass Saarbrücken gegenüber St. Johann zurückgefallen ist. Bahnhof, Hafen und Kohlenlagerplätze haben der einstmals kleineren Schwester große Bedeutung verliehen, die zudem seit 1864 mehr Einwohner zählt als Saarbrücken. Die neue Bergwerksdirektion ist 1880 dort errichtet worden, die dampfgetriebene Straßenbahn durch eine elektrische ersetzt, die bis St. Arnual fährt; weitere werden folgen. Das Bezirkskommando hat sich am Landwehrplatz niedergelassen.

1872 hat mit Bock & Seip die erste Buchhandlung eröffnet; größere Ladengeschäfte sind am Entstehen, der Markt ist bedeutender und die Bahnhofstraße als attraktive Einkaufsmeile konkurrenzlos. Modernere Hotels wie *Terminus*, *Kaiserhof*, *Messmer* und der *Rheinische Hof* ziehen Gäste an, während sich „drüben" in der traditionsreichen *Post* nur noch die alten Herren treffen.

1894–1898 ist in St. Johann gegenüber dem prächtigen Rathaus von Georg Hauberrisser die von Heinrich Güth geschaffene Johanniskirche entstanden, ein Jahr später das ebenfalls neogotische Postamt des Stadtbaumeisters Wilhelm Franz. 1904 hat Kaiser Wilhelm II. persönlich ein Reiterstandbild Wilhelms I. von Adolf Donndorf auf der Alten Brücke enthüllt. Vorsichtshalber steht es quer, damit es keiner der beiden Städte das Hinterteil präsentiert.

Selbst der Dialekt bietet Zündstoff. Noch im 20. Jahrhundert werden die „städtischen" Saarbrücker in St. Johann nachgeahmt, wie sie vornehm „Gachten" statt „Garten" sagen. Und schon in den 1860er-Jahren, so berichtet Haas, sind zwischen der Saarbrücker und der St. Johanner Jugend große Schlachten geschlagen worden. *Kommt doch mal 'rüber, ihr Saarbrücker Powaistr…!* (womit auf das vornehme Straßenpflaster = „Powai" = französisch „pavé" angespielt wird). Worauf die Antwort kommt: *Kommt doch zu uns 'rüber, ihr Sangehanner Wickewacke mit den krummen Arschbacke!*

Es bleibt nicht bei Kinderprügeleien. Auch der erste berufsmäßige Bürgermeister Saarbrückens, Friedrich Wilhelm Feldmann (1846–1911), und der von St. Johann, Dr. jur. Paul Alfred Neff (1853–1909), bekämpfen sich heftig. Nach einem Pressegefecht der beiden vom 10. und 20. Oktober 1894 um den zukünftigen Sitz des Bezirkskommandos, („Unwahrheit!", „Feigheit!"), findet sich am 22. in der Saarbrücker Zeitung eine auffällig kurze Notiz: Heute morgen hätten sich die beiden

Größter Stolz der St. Johanner: Für ihr Rathaus (heute für ganz Saarbrücken zuständig) wählten sie Georg Ritter von Hauberisser, der auch das Rathaus Münchens erbaute. – Postkarte um 1900.

Kontrahenten im Irgental bei St. Arnual mit Pistolen duelliert. Neff wird leicht am Kinn getroffen, beide Helden werden mit Festungshaft bestraft, und die gesamte deutsche Presse hat ihre Satire.

Die Vereinigung der drei Saarstädte

Schwesterliches Zusammengehörigkeitsgefühl ist es also nicht, was Saarbrücken, St. Johann und Malstatt-Burbach dazu führt, sich zusammenzuschließen. Jeder fürchtet, bei einer Vereinigung zu kurz zu kommen, doch jeder erkennt auch, dass die kommenden Aufgaben von einer Stadt allein nicht mehr zu leisten sein werden. Ein Beispiel ist die Kanalisation: Noch um 1900 geht ein großer Teil des Abwassers und der Fäkalien direkt in die Saar. Als sich nun abzeichnet, dass Malstatt-Burbach mit nahezu 40 000 Einwohnern möglicherweise einen eigenen Stadtkreis bilden könnte, bleibt keine andere Lösung mehr übrig. Mit mehr als 105 000 Einwohnern ist 1909 auch die für eine Großstadt erforderliche Kopfzahl erreicht.

Landrat Bötticher listet in einem eindringlichen Brief an die drei Bürgermeister („Eure Hochwohlgeborenen") alle Argumente für eine Vereinigung auf. Die wichtigsten: Die Verwaltung könnte rationeller und kostengünstiger arbeiten, Großprojekte wie die Kanalisation, die Gas- und Stromversorgung würden gemeinsam finanziert, die Bebauungspläne könnten aufeinander abgestimmt und nicht, wie bisher geschehen, ohne Rücksicht auf die andere Saarseite gestaltet werden. Malstatt-Burbach ist dafür, St. Johann dagegen, Saarbrücken ist gespalten. Doch nach den wohl unvermeidlichen Gefechten mit Rücktritt zweier Bürgermeister und langen Verhandlungen wird ein Vereinigungsvertrag aufgesetzt. Die künftige Großstadt wird „Saarbrücken" heißen, ihr Verwaltungssitz aber in St. Johann liegen. Verschiedene Ämter sollen in Malstatt-Burbach verbleiben. Alle drei Bürgermeister scheiden aus ihrem Amt, und der Jurist Emil Mangold wird in Zukunft die Geschicke der Stadt lenken. Das ist für alle annehmbar. Am 5. Dezember 1908 wird der Vertrag unterzeichnet, in Kraft treten soll er am 1. April 1909.

Das erste sichtbare Zeichen setzt die Großstadt mit dem Bau der Kaiser-Friedrich-Brücke im Zuge der Dudweiler Straße, ein schwungvoller Stahlbogen ohne Pfeiler. Die Einweihung im Jahre 1910 wird mit der Verleihung des Titels „Oberbürgermeister" an Emil Mangold gekrönt. Weitere Saarübergänge entstehen in Malstatt-Burbach mit einer Eisenbahnbrücke und einer im Osten der Stadt mit der Bismarckbrücke. Der 1911 auf den St. Arnualer Wiesen landende Zeppelin wird als Symbol der neuen Zeit begrüßt. Pläne werden geschmiedet: Im Osten Saarbrückens will die Stadt eine große Brücke nach St. Arnual hinüber bauen (heute als Ostspange verwirklicht), und eine Kanalisierung der Saar bis Konz soll den Anschluss an das europäische Wasserstraßennetz bringen. Unterhalb des Halbergs ist ein großer Handelshafen mit Bahnanschluss geplant.

Ein neues Wappen
Die neue Stadt muss natürlich ein Wappen erhalten. Man beauftragt das Heroldsamt in Berlin mit einem Entwurf, der dem Kaiser zur Genehmigung unterbreitet wird. *Der Monarch erkannte mit Scharfblick die Schwäche des Entwurfs*, so der köstliche Satz beim Chronisten Ruppersberg, *und nahm selbst eine Verbesserung vor.* Die Unterbringung der Rose von St. Johann und des Bergmannsgeräts für Malstatt-Burbach haben Majestät gestört. *Warum nicht quadratisch?*, kritzelt er allerhöchstselbst an den Rand. Also wird's so gemacht.

Vergessen ist Theodor Fontanes Nörgeln im Jahre 1870, die Stadt habe „etwas Ödes und Tristes". Die Stadt leuchtet von Uniformen: Infanterie in Alt-Saarbrücken, Ulanen in St. Johann, Artilleristen in St. Arnual. Allenthalben herrscht Wohlstand. Von 52 000 Saar-Bergleuten bewohnen 21 000 eigene Häuser. Offenbar sind die „herrlichen Zeiten" da, die Kaiser Wilhelm II. bei Regierungsantritt versprach. Doch da fällt im fernen Serbien ein Schuss und nichts ist mehr, wie es war.

„Der König ruft"

Nach der Ermordung des österreichischen Thronfolgers durch einen serbischen Nationalisten am 28. Juni 1914 erklärt Österreich-Ungarn Serbien den Krieg. Und nun schnurrt das Uhrwerk der europäischen Beistandsverträge gnadenlos ab und führt zum Ersten Weltkrieg. Offenbar haben die Saarbrücker nicht vergessen, dass ihre Stadt bei Kriegen immer schlechter wegkam als andere. So ist die patriotische Begeisterung hier mit gesunder Skepsis gepaart. Man stimmt in Hurra-Rufe ein, hebt aber sein Geld ab und kauft Vorräte; schließlich beginnt gerade am 1. August der Sommerschlussverkauf. Bald wird spürbar, dass die Exporte nach Frankreich weggefallen sind. Die Firmen reagieren mit Entlassungen, einige mit Schließung. Wieder andere verdienen gut an Heereslieferungen. Eine Firma sucht 150 Schneider für Militärkleider „auf längere Beschäftigung." Sie behält recht.

Dann werden Lebensmittelkarten eingeführt, Gas und Strom fallen öfters aus, kriegswichtige Artikel werden beschlagnahmt. Für eine „Kriegsversicherung" wird inseriert, für „Offiziersgamaschen *Alarm*". Vorsichtigen empfiehlt man „Geheimschränkchen zum Einmauern" oder „Nichtrostende Schatzkessel", Skeptikern „chirurgische Instrumente und Bandagen". „Zeichnet Kriegsanleihen!" und „Gold gab ich für Eisen" werden bekannte Formeln. Notfalls wird gedroht: „Privater Goldbesitz ist Verbrechen an der Nation!" Kinos und Theater bringen Patriotisches („Deutschland über alles") oder Klamotten („Kater Lampe").

Am 12. August 1914 rühmt die Presse: *Unsere Primaner und Sekundaner konnten die Zeit kaum abwarten, bis der König sie rief*, sie melden sich *in hellen Scharen als Kriegsfreiwillige*. Das gibt sich allmählich, nachdem immer mehr Anzeigen vom „Heldentod für Kaiser und Reich" künden. Und am 9. August 1915 kommt der erste Schock mit einem Luftangriff, bei dem 164 Bomben zwölf tote und 23 schwer verletzte Zivilisten fordern. 1917 gibt es bei einem weiteren Angriff vier Tote und sieben Verletzte. Von noch Schlimmerem bleibt Saarbrücken verschont, obwohl die Kriegsschauplätze sozusagen vor der eigenen Haustür liegen, von Verdun und Douaumont bis zu den zermürbenden Materialschlachten an der Somme. Ja, man kann den Kriegsverlauf sogar vom bequemen Sessel des U.T.-Kinos aus verfolgen, denn dort werden „alle zwischendurch eintreffenden Nachrichten dem Publikum bekannt gegeben." Doch man erfährt nur, was die Regierung für opportun hält. Immer mehr weißgekratzte Stellen in den Zeitungen dokumentieren die Arbeit der Zensur. Die Schaufenster leeren sich. *So wird die vielgeschmähte Kohlrübe uns auch in diesem Winter das Durchhalten erleichtern müssen*, ist in der Saarbrücker Zeitung zu lesen.

Hat am 3. August 1914 die Schlagzeile gelautet: *Der König ruft!*, liest man am 10. November 1918: *Der Kaiser hat abgedankt*. Die von aufständischen Matrosen aus Kiel in Gang gesetzte revolutionäre Bewegung erreichte am 9. November 1918 auch Saarbrücken. Aus Mitgliedern der SPD, USPD und der Saarbrücker Garnison bildet sich ein „Arbeiter- und Soldatenrat" und übernimmt ungefragt die öffentliche Gewalt in Saarbrücken. Die Saarbrücker Zeitung als meistgelesenes Blatt an der Saar wird besetzt, für einige Tage trägt sie den Untertitel: „Amtliches Veröffentlichungsblatt des Arbeiter- und Soldatenrates Saarbrücken." Zwei Wochen später, am 24. November, löst der Kommandeur der französischen Besatzungstruppen den Rat auf.

Am 11. November sind die Bedingungen für den Waffenstillstand verkündet worden, wobei sich die Befürchtungen der Saarbrücker bestätigen: Punkt 4 fordert die Räumung des linken Rheinufers.

Vom Völkerbund zum Völkerkrieg

Das „Saargebiet" entsteht

Die Siegermächte geben bei den Friedensverhandlungen von Versailles Deutschland und seinen Verbündeten die Alleinschuld am Krieg. Frankreich fordert als Ausgleich für die Kriegsschäden das saarländische Industrierevier, der US-Präsident Wilson widerspricht. Für einen Kompromiss sorgt das Saarstatut, das am 10. Januar 1920 in Kraft tritt und das aus Saarbrücken, Ottweiler, Saarlouis und Teilen von Merzig und St. Wendel sowie den bis dahin bayerischen Homburg und Zweibrücken ein künstliches Gebilde formt, das „Saargebiet". Es wird aus dem Deutschen Reich herausgetrennt und dem in Versailles gegründeten Völkerbund als Treuhänder unterstellt, der eine Regierungskommission für das Saargebiet bestimmt. Sie setzt sich aus einem Franzosen, einem Saarländer und drei Mitgliedern anderer Länder zusammen, wobei der Präsident der Kommission, Victor Rault, für einen französisch orientierten Kurs sorgt. (1922 kommt zur Regierungskommission ein saarländischer „Landesrat" hinzu, der aber ohne Einfluss bleibt.) Nach 15 Jahren, also 1935, sollen die Saarländer dann selbst entscheiden, ob es beim Status quo bleibt, ob sie an Frankreich angeschlossen werden wollen oder zu Deutschland zurückkehren. Sämtliche Kohlegruben an der Saar werden dem französischen Staat übereignet.

Im April 1919 streiken die Bergleute, um den Achtstundentag ihrer Kollegen in Preußen durchzusetzen. Die französische Grubenverwaltung antwortet mit Entlassungen und Kündigungen der grubeneigenen Wohnungen. Es folgen Verhaftungen und Ausweisungen; die Regierungskommission erlässt Notverordnungen. Wenige Monate später kommt es wegen der schlechten Versorgungslage zum Generalstreik, ausgehend von den Arbeitern der Burbacher Hütte. Die französische Verwaltung greift scharf durch: „Niemand darf sich nach 9 Uhr abends auf der

Straße aufhalten." Ein Eisenbahner wird wegen Waffenbesitzes verhaftet und auf dem Schanzenberg hingerichtet; es kommt zu weiteren sieben Toten. Unübersehbar, dass die Härte, mit der auf dem Schlachtfeld gekämpft wurde, noch längere Zeit im Verhalten der Besatzer fortlebt. Sie ordnen nächtliche Sperrzeiten an, Einquartierung, Zensur und Versammlungsverbote.

> **Widerstand**
> „Da standen sie dicht nebeneinander aneinandergepresst, fast ohne Raum zwischen den Schultern, den nackten Armen, Männer aus Fleisch, eine zornige Mauer, die Augen, die hingeworfenen Worte, das alles konnte jeden Augenblick eine schlimme Wendung nehmen. Wenn die Unsren schießen mussten (…) in diesem Augenblick spürte ich in mir jäh, dass diese drohenden Unbekannten, diese Boches an jenem Abend recht hatten, dass ihr Widerstand menschlich groß und menschlich edel war."
> (Louis Aragon: *La Semaine Sainte,* 1958)

Bartholomäus Koßmann, das einzige saarländische Mitglied der Kommission, kämpft erfolgreich gegen die französischen Domanialschulen und für den Abzug des französischen Bahnschutzes aus dem Saargebiet. Doch erst die um Versöhnung bemühte Zusammenarbeit zwischen den Außenministern von Frankreich und Deutschland, Briand und Stresemann, entschärft die Situation. Victor Rault wird abberufen und durch den liberalen Kanadier George W. Stephens ersetzt, dem der Brite Sir Ernest Wilton folgt.

Kein Wunder, dass sich in dieser aufgeheizten Stimmung 1925 das Rheinische Jahrtausendfest – 925 hatte König Heinrich I. Lothringen dem Ostreich unterworfen – zu einer nationalistischen Demonstration entwickelt – mit Wagners „Meistersingern", Sonnwendfeiern und zahllosen Kundgebungen.

Mark und Franc schaffen eine Zweiklassengesellschaft

Die *Mines Dominiales Françaises de la Sarre* (MdF), wie die Bergbauverwaltung nun heißt, bezahlen schon seit dem 1. Juli 1920 ihre Arbeiter in französischer Währung. Andere Unternehmen folgen bald diesem Beispiel. So entsteht binnen kurzem eine Zweiklassengesellschaft an der Saar: Die einen können in harten Francs bezahlen, den anderen zerrinnt ihr Einkommen infolge der Mark-Inflation zwischen den Fingern. Eine Busfahrt kostet den Frankenbezieher 3,20 Frs., den Markverdiener 34,65 Mark, einen Monat später bereits das Doppelte. Im Januar 1921 steht ein Franc bei 414,40 Mark, im Dezember bei 1.489,73. Am 18. März wirbt ein Kaufhaus mit einem „Jackenkleid" für 198 000 Mark, während die Zeitung, in der das Inserat erscheint, 20 Centimes kostet. Am 18. Mai 1923 erklärt die Regierungskommission schließlich den Franc zum alleinigen Zahlungsmittel an der Saar. Der letzte Tiefpunkt der Mark drüben „im Reich", wo im November 1923 ein Franc mit 138 Milliarden Mark bezahlt wird, bleibt den Saarbewohnern damit erspart.

Die Stadt macht sich

Provinzstadt? Das war einmal. Jetzt bezirzen verruchte Lebedamen biedere Bürger, tief dekolletierte Blondinen, von der befrackten Kapelle angeheizt, tanzen Charleston und Shimmy, und der Koks wird aus Hundertdollarnoten geschnupft – so etwa sieht der Pariser Maler André Dignimont „Sarrebruck 1919". Varieté und Ringkämpfe werden im Apollotheater geboten, die neuesten Filme in sechs großen Kinos, die Wiener Philharmoniker mit Hans Knappertsbusch und die Berliner mit Wilhelm Furtwängler in der Wartburg. Die *Roaring Twenties* haben auch Saarbrücken erfasst, wo zudem die offene Grenze zu Frankreich und die multinationale Kommission eine besondere Atmosphäre erzeugen.

Die Stadt genießt die internationale Aufmerksamkeit. Die Bahnhofstraße wird als elegant bewundert, eine überraschende Fülle von Inseraten gelten Lebensmitteln bis hin zu erlesenen Delikatessen, Mode und Luxuswaren. Die Zahl der Restaurants und Wirtschaften ist hoch, und ein Pils (0,3 l) kostet im Gasthaus Horch einen Franc, das entspricht damals etwa 17 Pfennig. Die erweiterten Saaruferanlagen laden zum Promenieren ein, die Freizeitmöglichkeiten sind gewachsen, zahlreiche Sportplätze angelegt oder modernisiert. Zum Kaiser-Friedrich-Bad, 1926 mit großer Schwimmhalle ausgebaut, ist ein Freibad am Deutschmühlenweiher gekommen.

Ab 1924 sorgt die Stadt für die Erneuerung von Gas- und Wasserleitungen sowie der Straßenbahnschienen, ein neues Postkabelnetz und elektrische Straßenbeleuchtung. Die Straßenfläche wächst zwischen 1920 und 1939 um mehr als ein Drittel. Vor allem aber ist die drängende Wohnungsnot wenigstens gemildert worden. Die 1920 gegründete Saarbrücker gemeinnützige Siedlungsgesellschaft erstellt zwischen 1921 und 1931 fast 3000 Wohnungen, bald auch erschwingliche Einfamilienhäuser, zunächst hinter der Bellevue und an der Metzer Landstraße. Die Baugebühren werden gesenkt, die Vorschriften liberalisiert und günstige Hypotheken vergeben.

Nicht nur in den Randbezirken, sondern auch in der Innenstadt wachsen bedeutende Neubauten wie die Michaels- (1924) und die Christ-König-Kirche (1929) in die Höhe; das neue evangelische Gemeindehaus Wartburg (1928 errichtet) bietet nun den größten Saal der Stadt. Für begüterte Bürger entstehen luxuriöse Wohnviertel auf den Hügeln rings um die Stadt. Auch der Verkehr wirkt überraschend großstädtisch. Die meisten der 11 000 im Saargebiet angemeldeten Autos fahren in Saarbrücken; preiswertere Alternative sind 22 Straßenbahnlinien; und der Bahnhof ist einer der verkehrsreichsten Süddeutschlands.

Ab 1919 hat die Stadt für eine Volksbibliothek gesorgt und eröffnet 1926 eine Volkshochschule. Eine *Librairie française* bietet auch alle französischen Zeitungen und Magazine. Bald kommt das vom späteren Landeskonservator Hermann Keuth geleitete Heimatmuseum hinzu, das Möbel, Interieurs und Geräte des Saarbrücker Raums zeigt, gegossene Ofenplatten, Gläser, Landkarten und Volkskunst. 1929 lässt die Völkerbundsregierung das Saarlandmuseum einrichten, das einerseits vorgeschichtliche, fränkische und römische Funde zusammenträgt, andererseits eine Sammlung zeitgenössischer Kunstwerke anlegt. Darunter befinden sich auch Zeichnungen und Gemälde einheimischer Künstler. Ihr Leiter ist der saarländische Maler Fritz Grewenig, dessen private Kunstschule 1924 zur staatlichen Einrichtung geworden ist.

Von Barockmusik bis zu Hauptmanns *Ratten*

Das seit 1912 fest angestellte, nur 42 Musiker umfassende „Orchester der Gesellschaft der Musikfreunde" des Komponisten Victor Cormann erhält 1922 mit Felix Lederer einen ausgezeichneten Leiter; das Ensemble wird auf 52 Musiker vergrößert und wirkt erfolgreich bei Musikfesten zu Ehren von Beethoven und Reger mit. Damit kann das 1922 von der Stadt übernommene Theater unter Heinz Tietjen und Lederer ein umfassendes Programm bieten: Das Opernrepertoire reicht von Puccinis *La Bohème*, Wagner-Werken wie *Lohengrin* und *Walküre* bis zu Operetten – Werke, die immerhin ein respektables Niveau bei den Mitwirkenden voraussetzen, was auch für die Abonnementskonzerte des Städtischen Orchesters gilt: Beethovens *Eroica*, Liszts *Tasso* und *Scheherazade* von Rimsky-Korsakow erfordern professionelles Können. Nicht anders die Veranstaltungen der Vereinigung der Musikfreunde, die auch vor Arnold Schönbergs *Verklärter Nacht* nicht zurückschrecken.

Das Schauspiel-Angebot reicht von Shakespeare bis zur *Försterchristel*, von *Hedda Gabler* über *Faust I* bis zu Hauptmanns *Ratten*. Aber es gibt auch das expressionistische Drama *Gas* von Georg Kaiser, dessen scharfe Anklage gegen Krieg und soziales Elend scharfen Protest eines konservativen Publikums ebenso einkalkuliert wie den Beifall der seit 1921 bestehenden Freien Volksbühne.

Bemerkenswert auch, dass hier, schon lange bevor dies „Mode" wird, die „Saarbrücker Vereinigung für Alte Musik" existiert. Der Cembalist Fritz Neumeyer, der Violist Günther Lemmen und der Gambist Wilhelm Pitz bemühen sich schon in den 1930er-Jahren um historische Instrumente und einen entsprechenden Aufführungsstil. Eine profunde musikalische Ausbildung zu erhalten, ist spätestens seit der Gründung eines Konservatoriums durch Ferdinand Krome im Jahre 1905 nicht mehr schwierig. Schon 1907 hat Hermann Scholz ein zweites Institut ins Leben gerufen, und 1912 folgte ein drittes, geleitet von Eduard Bornschein. Das Musikinteresse in Saarbrücken ist offenbar erstaunlich groß: Kromes Konservatorium hat nach dem Ersten Weltkrieg mehr als 500 Schüler, Bornscheins 600.

> **Interesse für Literatur**
> „Nirgends sah ich Bürger, deren Beruf es ist, Geld zu verdienen, so leidenschaftlich interessiert für Bücher, Wissenschaft, Kunst, Politik, mit so viel Sinn für Ironie und unpathetische Geselligkeit, mit so viel Begabung für Form und Manier und mit so viel Überlegenheit über jenen Matz, in dessen Zeitung sie inserieren müssen. Im Saargebiet traf ich zum ersten Mal einen Minister, dem ich zwei Stunden lang interessiert zuhören konnte, einen Warenhausbesitzer, der enge persönliche Beziehungen zur deutschen Literatur erhält, und einen Juristen, der, obwohl er die reichsten Klienten haben soll, meine Schriften liest."
> Joseph Roth, *Menschen im Saargebiet*, 1927

Derselbe Roth notiert jedoch in Saarbrücken: *Die Luft ist fett und klebrig (…) Das Taschentuch, mit dem ich mir über das Gesicht fahre, ist grau. Die Gesichter sind gelb. Das sind nicht die Farben der Fröhlichkeit.* Man kann ihm nicht widersprechen. Hochöfen und Kokereien, aber auch die Ofenheizungen führen dazu, dass 1929 bei Luftmessungen in der Stadt „große Mengen an Rauch und Staub sowie Grobstaub wie Asche und Ruß bis zu mehreren Millimetern Größe" festgestellt werden. So wundert es nicht, dass die Lungenheilstätte Sonnenberg die zweitwichtigste medizinische Einrichtung darstellt. Das Bürgerhospital wächst zwischen 1909 und Mitte 1930 auf die zweieinhalbfache Bettenzahl.

Der Flugplatz in St. Arnual

Am 17. September 1928 ist eine 15-sitzige Junkers G 31 mit drei Sternmotoren der Lufthansa auf den St. Arnualer Saarwiesen gelandet, wenig später eine „Goliath" der französischen Fluggesellschaft Compagnie Farman. Damit ist Saarbrücken an das

Über den Flugplatz in St. Arnual war Saarbrücken in den 1920er-Jahren an das internationale Verkehrsflugnetz angeschlossen. – Aufnahme einer Junker 52 aus dem Jahr 1937.

internationale Verkehrsflugnetz angeschlossen. Im Mai 1929 folgen Verbindungen mit Berlin und Karlsruhe, 1930 Köln/Düsseldorf, später auch Stuttgart – Friedrichshafen. Als Maschinen werden Ju 160 eingesetzt, die eine Geschwindigkeit von 280 km/h erreichen.

Indes: Das Flugfeld auf den St. Arnualer Wiesen erweist sich für den steigenden Flugverkehr als zu klein, zu nahe an den Wohngebieten und vom Hochwasser der Saar bedroht. Der Beginn des Zweiten Weltkriegs bringt ohnehin das Ende: Am 25. Oktober 1939 um 19.10 Uhr landete die letzte Linienmaschine der Deutschen Lufthansa in St. Arnual.

Im Vorfeld der Saarabstimmung

Weltwirtschaftskrise, Entlassungen und Wohnungsnot haben seit Ende der 1920er-Jahre die Stimmung verschlechtert; sowohl Nationalsozialisten wie Kommunisten finden Zulauf. Bemerkenswerterweise bleibt die NSDAP, die 1932 in Deutschland ein Drittel der Stimmen bekommt, an der Saar noch eine Splitterpartei. Erst nach Hitlers „Machtergreifung" von 1933 gewinnt sie mehr Einfluss. Zudem beginnt die für 1935 geplante Abstimmung die Gesellschaft zu spalten.

„Von der Maas bis an die Memel
Da läuft ein Stacheldraht

Dahinter kämpft und blutet jetzt
Das Proletariat.
Haltet die Saar, Genossen
Genossen, haltet die Saar
Dann werden das Blatt wir wenden
Ab 13. Januar."
Bertolt Brecht, *Das Saarlied*

Von diesem Zeitpunkt an bleiben den Saarländern noch zwei Jahre, die Entwicklung „drüben im Reich" zu beobachten. Wer's wissen will (nicht jeder will es), braucht nur die rund 30 000 Deutschen zu befragen, die in dieser Zeit über die Grenze ins noch freie Saargebiet flüchten. Stärksten Widerstand gegen den Nationalsozialismus bietet die katholische Opposition unter Führung von Johannes Hoffmann, damals Chefredakteur der Saarbrücker Landeszeitung. Leider verbieten die Bischöfe Franz Rudolf Bornewasser von Trier und Ludwig Sebastian von Speyer jede Kritik am Dritten Reich.

Über eine Treuhandgesellschaft hat die Reichsregierung schon 1920 gefährdete Grenzlandblätter aufgekauft, so auch die *Saarbrücker Zeitung*. Auf diese Weise kann das Blatt eine offene Sprache riskieren – und tut das auch. Übrigens beiden Seiten gegenüber. So reimt sie vor den Reichstagswahlen von 1928, für die sich nicht weniger als 31 Parteien bewerben: *Wir kochen unser Sondersüppchen / und bilden unser Splittergrüppchen.* 1932 kommt es sogar zu einem direkten Schlagabtausch mit dem späteren Propagandaminister Joseph Goebbels, der nach der „Machtübernahme" von 1933 unverzüglich für die Entlassung des betreffenden Redakteurs Arnold Nagel sorgt.

Angesichts der bevorstehenden Abstimmung drängt die Reichregierung darauf, dass sich alle Anschluss-Befürworter zusammenschließen. Ein Treffen mit Hitler am 15. Mai 1933 führt zu einem lockeren Bündnis des Saar-Zentrums und der bürgerlichen Parteien zur „Deutschen Front" unter Leitung des Pfälzer Gauleiters Josef Bürckel. Im Gegenzug entscheiden sich die Gegner, Sozialdemokraten und Kommunisten, ihre Streitigkeiten aufzugeben und gemeinsam anzutreten. Zeitungen begleiten den Kampf, eine Flut von Plakaten über-

Eine Sonderbriefmarke „Saargebiet" wies 1935 auf die bevorstehende Abstimmung hin.

schwemmt die Region. Doch mit ihrem Appell an den Verstand im Sinne Brechts können die Anschlussgegner gegen den emotionsgeladenen Wahlkampf der Deutschen Front nichts ausrichten. Zu überwältigend wirken die große Saarkundgebung am Niederwalddenkmal vom Mai 1933 und der „Letzte Appell" auf dem Wackenberg, zu dem 300 000 Menschen kommen. Viele jüdische Geschäftsleute ahnen, was ihnen bevorsteht, und verlassen das Saargebiet.

> **15. 1. 35**
> „In der Saar also hatte die Kommission verboten, zu flaggen, damit so nicht ein Gesinnungsterror losginge. (Wie wenn er nicht schon längst da wäre!) Darauf verwandelt sich Saarbrücken in eine weihnachtliche Stadt: alles ganz grün. ‚Ils se rattrappent avec des sapins!' (‚Sie entschädigen sich dafür mit Tannengrün') sagt einer. Wie rührend! Nein, ihr Ochsen – sie haben nur ein neues Mittel gefunden, mit dem man kontrollieren kann: wer nicht bekränzt, ist eben ein roter Jud."
> Kurt Tucholsky, *Tagebücher*

Ein eher amüsantes Beispiel dafür, dass der Saarkampf damals weltweit beobachtet wird, erleben Saarbrücker Touristen 40 Jahre später im fernen Australien, als ein Einheimischer sie neugierig umkreist und schließlich mit den einzigen deutschen Worten anspricht, die er kennt: „Hände weg vom Saargebiet!"

Saarbrücken als „Bollwerk im Westen"

Am 13. Januar 1935 stimmen 87,4 % der Saarbrücker (Saargebiet: 90,78 %) für die Rückkehr zu Deutschland. Noch heute wird dies gern auf die verlegene Deutung reduziert, man habe

„nicht Hitler, sondern Deutschland" gewählt. (Immerhin hat die Stadt schon ein Jahr zuvor Hitler zum Ehrenbürger gemacht. Dass die Stadt dies heute offen ausspricht, zeugt von Mut und historischer Sachlichkeit.)

Am 1. März gehen die Regierungsgeschäfte auf das Deutsche Reich über, und im Laufe desselben Tages treffen der Propagandaminister Dr. Joseph Goebbels und Reichsführer SS Heinrich Himmler sowie die Bischöfe von Trier und Speyer, Bornewasser und Sebastian, ein, am Nachmittag sogar Hitler selbst in Begleitung seines Stellvertreters Rudolf Heß.

Oberbürgermeister Neikes ist nicht mehr „tragbar" und wird durch Ernst Dürrfeld ersetzt, einen trinkfesten „alten Kämpfer", dem ab 1937 Fritz Schwitzgebel folgt. Saarbrücken wird Sitz eines Regierungspräsidenten. Johannes Hoffmann ist die Flucht über Luxemburg ins brasilianische Exil geglückt – er zweifelte wohl am Versprechen der deutschen Regierung, niemand solle wegen seiner Haltung zur Abstimmungsfrage benachteiligt werden, ebenso wegen seiner Rasse (!), Religion oder Sprache. Da hierüber bis 1936 eine internationale Institution wacht, können immerhin die meisten saarländischen Juden sich selbst und ihr Vermögen ins Ausland in Sicherheit bringen. 1938 fällt die Maske: Neue Gesetze schließen die bisherigen Möglichkeiten aus, und in der Nacht vom 9. zum 10. November 1938 wird im Zuge einer deutschlandweiten Aktion gegen die Juden die Saarbrücker Synagoge ausgeplündert und durch Brandstiftung zerstört. Eine Gedenktafel an der Stelle des Gebäudes Ecke Kaiser- und Futterstraße erinnert heute an diese Schandtat. Im Schloss richtet sich die Gestapo ein, im Keller werden Gefangene gehalten, und die Bahnhofstraße heißt nun Adolf-Hitler-Straße. Internationale Organisationen wie Freimaurer und Rotary werden schon früh verboten oder zur Auflösung gezwungen.

Am 18. Februar 1935 ist die Reichsmark eingeführt worden; für einen Franken gibt es 0,1645 RM. Die Saarwirtschaft wird, nicht zum letzten Mal, gewaltsam zur Umstellung gezwungen: Der französisch-saarländische Warenaustausch sinkt auf sechs Prozent des bisherigen; in Deutschland aber ist die saarländische Wirtschaft nun ein lästiger Neuling.

Kampf gegen die Wohnungsnot

Im September 1937 feiert man Richtfest für das Westmark-Theater (heute Staatstheater), ein „Geschenk des Führers", nachdem die einst an dieser Stelle stehenden Häuser abgerissen worden sind. Die Presse zitiert begeistert Details des Paul-Baumgarten-Baues, so die 850 qm große und 2 Meter dicke Betonplatte, auf der das Theater ruht. Sie sieht darin die Krönung der Stadtentwicklung in den letzten Jahren: *Zwar mussten die engen Straßen im Stadtinneren wohl oder übel hingenommen werden, doch entstand der prächtige Grüngürtel auf beiden Seiten der Saar, die verworrene Kanalisation wurde in Ordnung gebracht, das veraltete Pflaster abgeschafft. Mächtige Siedlungen breiteten sich am Stadtrand aus. Es folgte eine Anzahl öffentlicher Gebäude, deren Reihe mit dem monumentalen Westmarktheater seine Krönung findet.*

Offenbar ist vieles davon noch Zukunftsmusik, denn im selben Jahr 1937 liest man vom „Kampf gegen die herrschende Wohnungsnot". Von 130 000 Einwohnern verfügen 100 000 über kein eigenes Bad. *Bäder, Nebenräume und Heizungseinrichtungen sind in den Wohnungen nur selten vorhanden. (...) Hinsichtlich Wohnungsüberfüllung dürfte Saarbrücken an der Spitze der südwestdeutschen Großstädte stehen.* Und Kammerjäger Reinhardt bietet *Entwanzungen* an.

Am 20. Oktober 1937 wird der erste Abschnitt eines großen Bauprogramms am Südhang des Wackenbergs in Angriff genommen. 386 ein- und zweistöckige „Volkswohnungen" sind geplant. So entstehen auf Rodenhof, Homburg und Rotenbühl, Bellevue, Rastpfuhl und Füllengarten sowie der Hohen Wacht Wohnsiedlungen, die mit dem Nötigsten ausgestattet, aber doch sehr beengt sind: Die Richtlinien der Baupolizei von 1932 für Kleinsiedlungen bestimmen, dass die Wohnflächen einschließlich der Abstellkammern nicht größer als 50 qm sein dürfen. Aber es geht auch anders: *Entzückende freistehende Einfamilien-Villa, Neubau 1936, bevorzugte Wohnlage, 5 Zimmer, Diele, Küche, Bad, Heizung, schöner Garten, 750 qm sowie Garage* wird im selben Jahr 1937 für 29 000 Mark angeboten. Oder: *Vornehme Ein- bis Zweifamilien-*

Villa, Saarbrücken 1, großer Garten, 940 qm für 40 000 Mark. Bahnhofsvorplatz, Hafengelände, Bruchwiesen seien ebenfalls Brennpunkte der kommenden Stadtgestaltung, meldet die Presse. Der schon 1932 begonnene Zoo wird in den folgenden Jahren ausgebaut und 1939 im östlichen Industriegebiet ein Zentralschlachthof mit 90 000 qm eingeweiht, *der größte und modernste des Westens*. Viele andere Pläne jedoch – der neue Hafen am Halberg, der Bahnhofsvorplatz, fünf neue Brücken, ein gewaltiger Vorplatz vor dem Theater (für Aufmärsche), eine Südtangente und anderes mehr – fallen einem Projekt mit höherer Priorität zum Opfer: Seit Juni 1938 wird der „Westwall", ein System aus Bunkern und Höckerlinien, auch entlang der Saarbrücker Grenze errichtet.

Genau einen Monat zuvor hat man noch das neue „Gautheater Saarpfalz" mit Wagners *Fliegendem Holländer* einweihen können. Adolf Hitler ist anwesend und wirkt, wie Augenzeugen überlieferten, äußerst verstimmt über die für seine Begriffe zu bescheidenen Maße des Neubaus, das doch ein „Westmarktheater" sein soll.

Das „Gautheater" Saarbrücken (heute Staatstheater), seinerzeit gern als „Geschenk des Führers" für die Abstimmungsentscheidung der Saarländer bezeichnet – obwohl die Saarbrücker das Geschenk selber bezahlen mussten. – Postkarte aus den 30er-Jahren.

Das lange Warten auf den eigenen Sender

Nachholbedarf hat es auch auf einem anderen Gebiet gegeben: Bis 1935 hatte die Saar keinen eigenen Rundfunksender. Nachdem am 29. Oktober 1923 die erste deutsche Radiosendung über den Äther ging, waren acht weitere Programmgesellschaften in ganz Deutschland entstanden. Nur nicht an der Saar, wo die Regierungskommission einen propagandistischen Missbrauch angesichts der geplanten Saarabstimmung fürchtete. Was die Propaganda nicht verhinderte: Um der Bevölkerung des Saargebietes „Trost und Stärkung in ihrem Kampf gegen die Fremdherrschaft" zu bringen, strahlte ein Sender von Kaiserslautern aus ein deutsches Programm in Richtung Saar. Verantwortlich war der frühere Feuilleton-Redakteur der Saarbrücker Zeitung, Dr. Adolf Raskin. Gleichzeitig kam Gegenpropaganda aus Straßburg in Form von brillanten Widerlegungen der deutschen Behauptungen. Hier stand ein junger Mann namens Frédéric Billmann am Mikrophon.

> **Radiohören – anfangs ein teures Vergnügen**
> Für eine komplette Anlage musste man vor der Abstimmung 1.500 Frs. und mehr hinlegen. Das war eine Menge Geld: Ein Eichenschlafzimmer kostete damals 1.800 Frs., ein Seal-Mantel 575 und ein Rehbraten sechs Franken pro Pfund, eine „Siebenwöchige Brasilien-Afrika-Reise" laut Inserat von 1936 ab 395 Reichsmark. Also behalfen sich viele mit selbst gebastelten Anlagen oder Detektorgeräten. Der vom Propagandaministerium initiierte „Volksempfänger", nur halb so teuer wie ein vergleichbarer Markenapparat, sorgte für eine Senkung der Preise – und die gewünschte einseitige Information der Hörer, da er nur lokale Sender wiedergab. 1938 folgt ein „Volksfernseher", dessen größere Verbreitung jedoch der Zweite Weltkrieg verhindert.
> Nach *Rundfunk in Deutschland II*, hg. von Hans Bausch 1980

Nach der Rückkehr der Saar zu Deutschland meldet sich am 25. Juli 1935 der „Reichssender Saarbrücken", zunächst sehr bescheiden mit 0,7 kW (die Europawelle Saar wird später mit 1.200 kW senden). Auch gibt es noch lange kein eigenes Funkhaus. Die Intendanz residiert in einer Villa am Staden, und Redaktionen, Studios, Technik und Verwaltung sind über die ganze Stadt verteilt. Die Freude ist dennoch groß. *Saarbrigge hat e eigner Sender*, jubelt eine Zeitung, *und ich hann's nit emol gewißt / Hätt ich de Aansager am Wickel / Vor Freid hätt ich ne abgekißt…* Als Großer Sendesaal dient die Wartburg, und von hier werden zahllose volkstümliche Veranstaltungen übertragen. „Sperlings Bunte Bühne", eine Serie von heiteren Mundart-Sketchen mit Viktor Lenz, Fritz Weißenbach und anderen, wird so populär, dass sie an manchem Samstagabend als Reichssendung über alle Sender, von Königsberg bis Stuttgart und von Köln bis Wien geht. Das neue Medium macht den saarländischen Dialekt weithin bekannt – und beliebt. Ein Hörerliebling ist auch Ferdi Welter mit seiner Frühmorgensendung „Froh und frisch am Frühstückstisch". Öffentliche Veranstaltungen des Reichssenders mit seinem 1937 gegründeten Sinfonieorchester und Gästen sowohl aus der Unterhaltungs- wie der klassischen Branche sorgen für überfüllte Säle.

Auf der Suche nach einem Standort für ein Rundfunkgebäude erwirbt der Sender zunächst ein Grundstück auf dem Wackenberg, tauscht es dann 1939 (unter Zuzahlung von 558.900 Mark) gegen den Halberg, den wiederum der Landkreis erworben hatte, um ein Wohngebiet zu errichten. Die Presse fabuliert poetisch über Parallelen zwischen der Höhle des Lichtgottes Mithras und dem kommenden Fernsehen, doch verhindert der Kriegsausbruch 1939 alle Pläne. Auf dem Halberg lässt sich ein Flugabwehrkommando nieder.

Krieg und Gau Westmark

Am 1. September 1939 greift Deutschland Polen an, zwei Tage später erklären England und Frankreich Deutschland den Krieg. Der Bau des Westwalls hat die Saarländer darauf vorbereitet, dass sie im Kriegsfalle in der Festungslinie liegen werden. So wird bei Kriegsbeginn Anfang September 1939 ein etwa zehn Kilometer breiter Streifen entlang der Grenze zu Frankreich als „Rote Zone" binnen weniger Tage evakuiert; die Menschen kommen nach einem sorgfältig vorbereiteten Plan in

Thüringen, Sachsen, Hessen und an weiteren Orten unter. Zurückgeblieben sind nur Arbeitskommandos, die die Ernte einbringen, sowie Wachmannschaften. Alle Haustüren sind verschlossen, die Rollläden heruntergelassen; Schilder warnen: „Wer plündert, wird erschossen." Zum „Verteidigungszustand" gehört die Sprengung von Bauwerken, die der Orientierung dienen könnten. So fällt auch das Winterbergdenkmal.

Hitler hat die Absicht, den Westmächten den Schwarzen Peter zuzuschieben, die Kampfhandlungen begonnen zu haben. So beschränken sich beide Seiten auf Geplänkel und eine kurze französische Besetzung des Sonnenbergs; man spricht hier von „Sitzkrieg", drüben von *drôle de guerre*. Die internationale Presse ist verwirrt. So berichtet der *Daily Mirror* vom 16. September 1939, Saarbrücken sei in einen Trümmerhaufen verwandelt.

Am 14. Mai 1940 beginnt Hitler den Überfall auf Luxemburg, Belgien und die Niederlande und greift Frankreich in der Flanke an. Einen Monat später wird Paris kampflos besetzt, und nach dem Waffenstillstand am 22. Juni kommen die Saarländer allmählich zurück. Am 11. August trifft man sich zum ersten Mal wieder in der Wartburg bei einem Heimatabend, veranstaltet vom Reichssender.

Nach dem Frankreich-Feldzug entsteht unter Einbeziehung Lothringens der „Gau Westmark", der sich von Metz bis Ludwigshafen erstreckt; Saarbrücken ist nun „Gauhauptstadt". Ungehindert fährt die Straßenbahn über die frühere Grenze, und Oberbürgermeister Fritz Schwitzgebel ist gleichzeitig Stadtoberhaupt der französischen Stadt Forbach. Spätestens ab 1941 ist mit dem Einmarsch in Russland (22. Juni 1941) und der Kriegserklärung Deutschlands an die USA (11. Dezember) die weitere Entwicklung abzusehen.

Luftangriffe fordern insgesamt 1234 Tote in Saarbrücken – der erste schwere trifft Saarbrücken am 29. Juli 1942; 156 Menschen sterben, die (heutige) Bahnhofstraße, Malstatt, Burbach mit seinem Stahlwerk und Alt-Saarbrücken werden schwer getroffen. Hitler persönlich gibt sich als Musenfreund und macht den Wiederaufbau des Theaters zur Chefsache, bis dahin wird im Städtischen Saalbau am Neumarkt gespielt.

„Räder müssen rollen für den Sieg", lautete ein Slogan während des Zweiten Weltkrieges. Zunächst aber rollten sie nur bei der Evakuierung der Saarländer.

Im Juli 1943 informiert der Reichswohnungskommissar über den *Einheitstyp des Kriegswohnungsbaues. Unverbrennbare Wände, Dächer und Treppen. Betonplatten-Bauweise. Belüftung der Keller nicht durch Fenster, sondern Luftschlitze. Typisierte Installationen.* Mauerdurchbrüche sollen die Rettung aus Bombentrümmern erleichtern. Der nächste schwere Angriff kommt am 4. Oktober 1943, unter den 50 Toten sind 13 Kinder; 166 Opfer fordert der Angriff vom 11. Mai 1944. Glücklicherweise bieten die zahllosen in die Hänge gegrabenen Stollen und mehrere Hochbunker Schutz. Doch am 5. Oktober 1944 wird Saarbrücken von 800 britischen Bombern ins Visier genommen. 344 Menschen sterben, ein großer Teil der Stadt wird zerstört. *Wir wollen nichts verschweigen und nichts beschönigen, unser altes Saarbrücken, wie wir es kannten und mit allen Fasern unseres Herzens geliebt haben, ist nicht mehr*, schreibt die Saarbrücker Zeitung. *The old town south of the river is almost annihilated*, meldet ein Bericht des Bomberkommandos, und resümiert: *A real masterpiece.*

Am 22. Juli 1944, zwei Tage nach dem missglückten Attentat auf Hitler, wurde Bartholomäus Koßmann, einst Mitglied der Völkerbundskommission, verhaftet, weil sich sein Name auf einer Liste zukünftiger Regierungsmitglieder findet. Der schwerkranke Koßmann verteidigt sich so überzeugend, dass der Volksgerichtshof ihn freispricht (19. Januar 1945).

Zur selben Zeit leiden hunderte von „verdächtigen Personen" in einem Polizeigefängnis nahe der Neuen Bremm, von dessen Existenz viele Saarbrücker nichts gewusst zu haben versichern. Gaskammern und Verbrennungsöfen gibt es hier nicht, jedoch sterben mehrere hundert Gefangene.

Am 6. Dezember 1944 wird die Saarbrücker Bevölkerung zum zweiten Mal evakuiert, nun nicht mehr sorgfältig organisiert wie fünf Jahre zuvor, sondern improvisiert und unter ständiger Bedrohung durch Bomben und Artilleriefeuer. Am 8. Mai 1945 kapituliert das Deutsche Reich.

1945 waren mehr als 70 Prozent der Stadt zerstört. Auf provisorischen Gleisen wurde der Schutt abtransportiert.

Saarbrücken – Sitz einer europäischen Institution?

Die Stunde Null

Es ist eine Geisterstadt, in die amerikanische Truppen am 21. März 1945 einziehen. „Die Stadt war ein Haufen Schutt", notiert der US-Colonel Louis G. Kelly. „Von den einst 142 000 Einwohnern waren nur noch 900 zurückgeblieben. Wo sollten wir beginnen?" Besonders geschulte Einheiten der US-Armee übernehmen den Aufbau einer Militärverwaltung in der zu mehr als 70 Prozent zerstörten Stadt. Kelly ernennt den Lebensmittelfabrikanten Heinrich Wahlster zum Oberbürgermeister, dem am 15. August Dr. Emil Heim folgt, ab 1946 dann Dr. Franz Maria Singer. Nur eine Etage des Rathauses ist benutzbar, die Verwaltung wird über die ganze Stadt verteilt. Der Rechtsanwalt Dr. Hans Neureuter wird zum Regierungspräsidenten des in den Grenzen der Völkerbundszeit wiederhergestellten Saarlandes ernannt.

Mit der Halberger und der Burbacher Hütte ist auch die städtische Gasversorgung zunächst zum Stillstand gekommen; zudem haben Brückensprengungen das Leitungsnetz unterbrochen. Heizen und Warmwassererzeugung mit Strom werden verboten, Straßen und Schaufenster dürfen nicht beleuchtet werden. Ein katastrophales Hochwasser der Saar im Winter 1946/47 erschwert die Lage zusätzlich.

Die Wohnungsnot bleibt drückend, da der Strom zurückkehrender Evakuierter lange anhält. Viele Menschen hausen auch in den folgenden Jahren noch in Garagen, Kellern und Baracken. Der Saarbrücker Denkmalpfleger Dieter Heinz schreibt in seinen Erinnerungen (1986): *In einer rasch von Unkraut überwachsenen Schuttlandschaft ging man kilometerlang nur durch schmale, provisorisch freigeschaufelte Schluchten, in denen die wenigen Fußgänger sich zur Seite drücken mussten, wenn einmal eines der ganz wenigen noch fahrbaren, meist klapprigen Autos entgegenkam. Über 1,5 Millionen*

Kubikmeter Trümmerschutt blockierten so die Innenstadt. Das heutige Ludwigsparkstadion steht beispielsweise auf derartigem Schutt. Manches nur Beschädigte, aber Erhaltenswerte fällt damals dem energischen Aufräumen zum Opfer.

Die Saar wird von der französisch besetzten Zone abgetrennt

Am 10. Juli 1945 haben die Amerikaner die Regierungsgewalt an die Franzosen übergeben, die erst nachträglich, vor allem dank Churchills Fürsprache, zur vierten Siegermacht neben den USA, der Sowjetunion und den Vereinigten Staaten erklärt worden sind. Am 26. Juli ist die zukünftige französische „Zone" abgesteckt, und die Militärregierung richtet sich in Baden-Baden ein. Anfang 1946 entwickelt Außenminister Georges Bidault ein neues Saar-Konzept, das die Rückkehr der Saargruben in französischen Besitz und die Einbeziehung des Landes in Frankreichs Zoll- und Währungsbereich vorsieht. In den Gruben, die seit 1. Januar 1946 unter französischer Sequesterverwaltung stehen, werden die Schäden mit Hochdruck behoben, und im Januar 1948 übernimmt die *Régie des mines de la Sarre* die Kohleförderung. Schon Ende 1946 ist das Saarland durch politische Grenzen und Zollgrenzen von der übrigen französischen Besatzungszone abgetrennt worden.

Den geeigneten Mann für die Saar hat man in Oberst Gilbert Grandval (eigentlich Hirsch-Ollendorf) gefunden, einem ehemaligen Résistance-Kommandeur für Ostfrankreich. Er steht als Militärgouverneur an der Spitze der am 30. August 1945 eingerichteten *Délégation Supérieure de la Sarre*. Politiker der Völkerbundszeit kehren zurück, die früheren demokratischen Parteien sammeln sich wieder. Johannes Hoffmann wird Sprecher der sich bildenden Christlichen Volkspartei (CVP), die bei den ersten Landtagswahlen am 5. Oktober 1947 die absolute Mehrheit erringt. Da der gesundheitlich schwer angeschlagene Bartholomäus Koßmann verzichtet, wird Johannes Hoffmann (CVP) Ministerpräsident. Am 15. Dezember verabschiedet der Landtag nach heftigen Kämpfen um die programmatische Präambel eine eigene Verfassung für das Saarland, das damit als autonomes, aber wirtschaftlich und zollpolitisch an Frankreich angeschlossenes Land aus der französischen Zone ausscheidet und die ersten Schritte als selbstständiger Staat wagt – mit Saarbrücken als Hauptstadt, die bereits wieder mehr als 100 000 Einwohner hat.

Dass eine neue Ära beginnt, wird auch damit dokumentiert, dass die Stadt ein neues Goldenes Buch der Stadt anlegt. Das letzte enthielt noch die Unterschriften der Nazi-Prominenz, das neue beginnt mit Oberst Grandval.

Pingusson und seine Vision vom ganz anderen Saarbrücken

Grandval, seit 1948 Hoher Kommissar, sucht eine städtebauliche Lösung für das Saarland, die alle Erinnerungen an die Nazizeit tilgen soll und der damals zeitgemäßen Ästhetik von Le Corbusier entspricht. Er beruft fünf französische Architekten, darunter Georges-Henri Pingusson (1884–1978). Der Corbusier-Schüler erkennt grundlegende Schwächen Saarbrückens aufgrund seiner ungeplanten Entwicklung und viele Mängel bei der Verkehrsführung. Er kritisiert die Verbindung von Industrie und Wohngegenden, so den Saarkohlehafen mitten in der Stadt. Und er fragt, welche Konzepte der zukünftigen Rolle Saarbrückens als Universitäts- und Messestadt, Verwaltungsmetropole und Dienstleistungszentrum im Zeitalter der Massenmotorisierung gerecht werden können.

Bei aller Konsequenz zeigt Pingusson hohen Respekt vor den gewachsenen alten Strukturen der Stengel-Stadt. *Das alte Schloss, der St. Johanner Marktplatz und die Ludwigskirche erhalten eine stilgerechte Umgebung*, verspricht er. Auch der St. Johanner Markt, zu dem der Lärm einer Verkehrsstraße nicht passe. Über den rattert ja damals noch eine Straßenbahn.

Die architektonische Großform des Hochhauses inmitten weiter Grünflächen bedeutet seinerzeit für viele die einzige Alternative gegenüber der Zersiedelung des Lebensraumes. So plant Pingusson, eine begradigte Saar mit parallelen Hochhäu-

Flugplatz einbegriffen: Pingussons Entwurf für ein neues Saarbrücken.

sern zu säumen, die Stadt also zum Fluss hin zu öffnen. Ein Grundgedanke, der heute neu diskutiert wird. Neben sachlichen Gegenargumenten sorgten allerdings nicht zuletzt die autokratische Vorgehensweise Grandvals und auch Pingussons gelegentliche Schroffheit für tiefgehende Spannungen mit den städtischen Stadtplanern und den betroffenen Grundeigentümern. So nimmt der Saarbrücker Stadtrat den Plan am 14. Januar 1947 zwar grundsätzlich an, doch wächst der Widerstand so stark, dass Pingusson 1949 seinen Auftrag zurückgibt. Nur wenige seiner Pläne werden verwirklicht: das saarländische Kultusministerium (1953/54), das ursprünglich französische Botschaft werden sollte, die Arkaden in einigen Saarbrücker Straßen, die Saarmesse sowie das Konzept der Stadtautobahn als Saaruferstraße. Für viele bleibt er „der utopische Visionär" (Hans-Christian Herrmann) eines modernen, zweckmäßig geplanten Saarbrücken – 200 Jahre nach dem letzten Gesamtkonzept von Stengel und Fürst Wilhelm Heinrich.

Durch den Verzicht auf eine neue Konzeption und Nutzung der unzerstört gebliebenen unterirdischen Infrastruktur erreichen Pingussons Nachfolger um den neuen Baudezernenten Hans Krajewski zwar relativ rasch den Wiederaufbau, allerdings in traditioneller Form. Zuerst werden die Hauptgeschäftsstraßen wiederhergestellt, dann folgen Wohnviertel. Bisherige Freiflächen an der Lebacherstraße, den Bruchwiesen, in Malstatt und auf der Rußhütte werden bebaut. Dennoch gelten noch 1953 29 000 Personen als „wohnungsbedürftig".

Hauptstadt eines Saarstaates

Im Juni 1947 wird die Saarmark eingeführt, im November der französische Franc; für eine Mark bekommt man 20 Francs. Sofort füllen sich die Läden mit lange vermissten Delikatessen und Textilien, die man „drüben im Reich" noch jahrelang nur auf dem Schwarzen Markt ergattern kann.

Gestützt auf die beiden boomenden Wirtschaftsbereiche Kohle und Stahl, erlebt die Saar nun ein Jahrzehnt der Abschottung vom übrigen Deutschland. Wobei sich Vor- und Nachteile die Waage halten. So sind einerseits französische Devisen-, Zoll- und Handelsvorschriften zu übernehmen und die Löhne anzugleichen; die Beschaffung von Rohstoffen muss neu ausgerichtet und der Absatz auf neue Märkte verlagert werden. Und: Die französische Währung verliert an Wert.

Andererseits zeigen sich bedeutende Vorteile: keine Demontage der Industrieanlagen, erfolgreiche Ausbeutung der Kohlevorkommen durch die *Régie,* eine kaufkräftige Währung und familienfreundliche Sozialgesetze. Bergleute stehen an der Spitze der Lohnskala, Witwen und Waisen haben eine günstigere Versorgung. Kindergeld gibt es vom ersten Kind an (in der Bundesrepublik damals erst beim dritten Kind). Ergebnis: Platz eins in der Geburtenrate. Saarbrücken als Hauptstadt entwickelt zwangsläufig Selbstständigkeit und Selbstbewusstsein.

Die politische Atmosphäre aber wird durch das Misstrauen des Remigranten Johannes Hoffmann gegenüber den „Reichsdeutschen" und allen an der Saar, die mit ihnen zu sympathisieren scheinen, vergiftet. Alteingesessene bekommen einen roten Pass, Nicht-Saarländer einen grauen. Rigorose Ausweisung politischer Gegner und „unliebsamer" Personen ist an der Tagesordnung, die Satire feiert Hochkonjunktur, wobei besonders der brillante Zeichner Roland Stigulinszky mit seiner Zeitschrift *Tintenfisch* (1948–1953) sowohl Witz wie hohen persönlichen Mut beweist. Erst Jahrzehnte später geht eine neue Historiker-Generation daran, Hoffmanns Bild und seinen Versuch, zwischen Deutschland und Frankreich einen dritten, einen saarländischen Weg zu finden, differenzierter zu zeichnen.

Die kulturelle Offensive

Schon früh wird auch der propagandistisch wichtige Rundfunk wieder ins Leben gerufen. Da die Ausrüstung des Reichssenders in alle Winde verstreut ist, muss der neue Sender sich mit einer primitiven Erstausstattung begnügen: Im Hof der Wartburg wird ein französischer Armeesender aufgestellt, ein vergrabenes Schankbuffett dient als Erdung, Mitarbeiter opfern technische Teile, um Verstärker zusammenzuschrauben. Und so ertönt schon am 17. März 1946 auf Mittelwelle 222,5 m die Marseillaise, dann die deutsche Ansage: „Radio Saarbrücken – hier spricht die Saar."

Das Programm bleibt noch längere Zeit bescheiden: Treue Hörer haben Schallplatten gespendet, die Nachrichten sind aus französischen und englischen Zeitungen abgekupfert, und der Wetterbericht basiert auf dem „aus dem Fenster gehaltenen feuchten Finger." Alte Mitarbeiter sprechen dennoch von der „warmen Atmosphäre" jener Pionierzeit. Daran ändert auch die Tatsache nichts, dass der Verwaltungsrat und alle leitenden Positionen mit Franzosen besetzt sind und die Programme vorzensiert werden.

Es beeindruckt, auf wie vielen kulturellen Gebieten die französischen Militärbehörden an der Saar tätig wurden, ganz im Sinne des französisch-saarländischen Kulturabkommens vom Dezember 1948. Gleich nach dem Krieg hat eine Reihe von französischen Gastspielen für immer neue Höhepunkte auf Pariser Niveau gesorgt, von Edith Piaf bis zur *Comédie Française*, von Jean Louis Barrault bis Serge Lifar mit dem Pariser Opernballett. Der 19-jährige Leutnant François-Régis Bastide, Musikchef von Radio Saarbrücken, zitiert in seinem Roman „Wandererfantasie" das Kalkül seiner Informationsabteilung: *Je höher wir die Kultur stellten, um so mehr und um so gläubiger würden unsere Nachrichten gehört werden.* Bastides eigene Initiativen sind idealistischer. Mit Feuereifer setzt er sich für die Neugründung des Rundfunksinfonieorchesters ein, das bald mit seinen „Jugendkonzert" genannten, aber für alle Altersklassen bestimmten Konzertreihen unter Dr. Rudolf Michl für volle Säle sorgt. Gleichzeitig initiiert er die Gründung eines Konservatoriums (Vorläufer der heutigen Musikhochschule); es gelingt Bastide, den berühmten Pianisten Walter Gieseking 1947 als Professor zu gewinnen.

Eine weitere bedeutende Initiative ist die (Wieder-) Gründung einer Staatlichen Schule für Kunst und Handwerk (*Centre de Métiers d'Art*) durch Kultusminister Dr. Emil Straus. Schon am 14. Juli 1946 kann der bekannte Maler und Bühnenbildner Henry Gowa das Institut in der St. Johanner Straße mit einer Ausstellung zeitgenössischer französischer Kunst eröffnen. Lehrer sind Frans Masereel, Boris Kleint, Gabriel Gouvrekian und Otto Steinert (der die „subjektive fotografie" entwickelt). Auf dem Lehrplan stehen Grundlehre, Grafik, Fotografie, Architekturzeichnen und Mode. Zu den Vorbildern zählt das Bauhaus, und der Diskurs innerhalb des Kollegiums gehört ebenso zur Arbeit wie die Diskussion mit den Studenten.

Universität des Saarlandes

Noch bedeutungsvoller wird die Gründung der Universität des Saarlandes im Wintersemester 1948 unter der Schirmherrschaft der Universität Nancy. Vorangegangen sind seit Januar 1946 medizinische Trainingskurse am Krankenhaus Homburg. Rektor Prof. Dr. Jean Barriol betont, es gelte *diese Universität, an der Professoren und Studenten verschiedener Sprachen zusammenkommen werden, zum Werkzeug einer wahrhaft europäischen Gesinnung zu machen.* Dies wird in der Folge durch zahlreiche auch in Frankreich anerkannte Studienabschlüsse, durch das angegliederte *Institut français,* das Europainstitut und die große Zahl französischer Professoren unterstrichen. Rund 15 500 Studierende bevölkern derzeit mit ihren 290 Professoren den Campus der Universität des Saarlandes in Dudweiler (nur die medizinische Fakultät residiert in Homburg). 8 Fakultäten arbeiten hier: Recht und Wirtschaft, Medizin, Philosophische Fakultäten I-III sowie Naturwissenschaftlich-Technische Fakultäten I-III.

Musikfreunde erleben 1952/53 eine bedeutsame Neuheit. Nicht zuletzt das Defizit bei Radio Saarbrücken hat dessen Generaldirektor Frédéric Billmann zu Überlegungen geführt, wie man das teure Sinfonieorchester abbauen und durch ein kleines, aber hochqualifiziertes Ensemble ersetzen könne. Es kommt zur Berufung des Berliner Bach-Dirigenten Karl Ristenpart und der Gründung des Saarländischen Kammerorchesters. Dass Ristenpart hierfür vor allem Berliner Musiker mitbringt, führt zu empörten Protesten an der Saar. Glücklicherweise gelingt die Erhaltung des Großen Orchesters in reduzierter Form, während das Kammerorchester durch seine Schallplattenpreise und weltweiten Erfolge bald jede Kritik verstummen lässt.

Nimmt man die Konzerte des Rundfunks, die Wiedereröffnung des Theaters am 6. März 1948 mit Mozarts *Zauberflöte* unter Philipp Wüst und die ein Jahr später mit Borcherts Heimkehrerstück *Draußen vor der Tür* eingeweihte Kammerbühne hinzu, so verdichtet sich der Eindruck, dass das kulturelle Angebot Saarbrückens in der Nachkriegszeit dem Wiederaufbau der Stadt weit voraus war. Schon im Januar 1948 hat auch der erste „PreMaBüBa" stattgefunden, ein Ball der Presseangehörigen, Maler und Bühnenmitarbeiter, dessen überwältigender Erfolg für alljährliche Fortsetzungen sorgt.

Aber auch der Sport gehörte zum genannten Kulturabkommen. Die beiden besten saarländischen Fußballvereine in Saarbrücken und Neunkirchen tragen in jenen Jahren zahlreiche Spiele mit französischen Mannschaften aus. Grandvals Versuch, den 1. FC Saarbrücken an den innerfranzösischen Austragungsspielen teilnehmen zu lassen, scheitert jedoch am

Die Anfänge waren bescheiden: die Universität des Saarlandes 1956.

Widerspruch der ostfranzösischen Clubs. Verständlich, dass sich die Saarländer, die 1952 ihr eigenes Stadion mit insgesamt 35 000 Sitz- und Stehplätzen auf dem Ludwigsberg erhalten haben, daraufhin wieder den deutschen Vereinen zuwenden. Am 22. Juni 1952 spielt der 1. FCS im Ludwigshafener Stadion gegen den VfB Stuttgart um die deutsche Meisterschaft (die Stuttgart gewinnt), und 1955 schlägt die saarländische Nationalmannschaft Frankreich mit 7:5.

„In Saarbrücken wird gebaut, gebuddelt und gebastelt"

1950 bringt die „Stimme des Tages" auf Radio Saarbrücken folgenden Bericht eines Schweizer Journalisten: *Erster Eindruck, früh morgens beim Blick aus dem Hotelfenster in Saarbrücken: Ruinen. Ganze Häuserblöcke sind wegrasiert.*

Daneben gibt es aufgeschlitzte Gebäude ohne Dächer und Dielen, mit leeren Fensteröffnungen, die traurig starren wie die Augen von Blinden. (...) Beim Gang durch die Stadt aber weicht die Depression rasch. Was für Überraschungen! In Saarbrücken wird gebaut, gebuddelt und gebastelt. Wohn- und Geschäftshäuser schießen aus dem Boden. Auf den Hauptstraßen herrscht der Betrieb und das Gewimmel eines Ameisenhaufens. Man begegnet gut gekleideten Leuten. Eine Fülle von neuen Läden paradiert mit reichhaltigen Schaufenstern. Man spürt das ganze Drum und Dran einer prosperierenden Wirtschaft, das kaum Arbeitslose aufweist. Die Wirtschaftsunion mit Frankreich, so der Schweizer Kommentator, erweise sich *als ein Segen*. Und die Verpachtung der Kohlegruben an Frankreich erlaube dem Saarland *eine großzügige Sozialpolitik und eine kräftige Unterstützung des Wiederaufbaus.* Unüberhörbar, dass der Schweizer in einem Interview mit Johannes Hoffmann, seit 1. Dezember 1947 Ministerpräsident des Saarlandes, auf die Regierungslinie eingestimmt wurde.

Bei den Autos auf den Straßen dominieren infolge der Importzölle und der Devisenkontingentierung französische Marken. Beliebtes Einsteigermodell ist Renaults „Crèmeschnittchen" (4 CV), während die großen Citroëns wie der als „Verbrecherwagen" in französischen Krimis bekannte 11 CV eher für Besserverdienende geeignet sind. Mit 140 zugelassenen Fahrzeugen liegt Saarbrücken Mitte der 1950er-Jahre über Frankfurt (128) und München (134). Von 1959 bis 1966 wächst die Zahl auf das Dreifache, weitere Zuwachswellen folgen.

1950 – seit einem Jahr ist Peter Zimmer Oberbürgermeister – wird die erste Saarmesse auf dem Saarbrücker Messegelände eröffnet, die sich ungeachtet aller haarsträubenden Anfangsprovisorien und manchen Widerstands rasch und erfolgreich entwickelt. Aus der ursprünglich nur als saarländische Leistungsschau gedachten Veranstaltung wird durch immer mehr auswärtige und ausländische Aussteller schließlich die Internationale Saarmesse. „Welt der Familie" kommt als zweite Veranstaltung hinzu, außerdem kleinere Spezialmessen wie „büfa" und „Eurogast".

Sitz einer europäischen Institution?

1950 hat der französische Außenminister die Konzeption eines gemeinsamen Marktes für Kohle und Stahl, einer Montanunion, vorgestellt. Als Sitz dieser Keimzelle der EU kommt eine Zeitlang Saarbrücken ins Gespräch. Auch wenn seine Defizite in der Infrastruktur, die fehlenden Hotels und die Primitivität des Flughafens sogar für die Einheimischen unübersehbar sind, ist die Vision einer europäischen Funktion verführerisch. Und noch im Oktober 1954, als der französische Ministerpräsident Pierre Mendès-France und Bundeskanzler Konrad Adenauer das Pariser Abkommen über eine Europäisierung der Saar unterzeichnen – das zweite Saarstatut –, wird Saarbrücken als Sitz der Montanunion empfohlen. Ein Jahr später sollen die Saarländer darüber abstimmen.

Schon holen Optimisten Pingussons Pläne für eine Neugestaltung der Stadt wieder hervor, die Fluggesellschaft KLM erwägt eine Verbindung Saarbrücken – Paris, und reisende Schriftsteller wie Wolfgang Koeppen preisen Saarbrücken euphorisch als „Stadt unserer Zukunft": *Stahlgerüste wachsen wie in Amerika in die Höhe, und eine Kontinuität des Geistes und des Schaffens offenbart sich zwanglos vom Dom bis zur Bank der Montanunion.*

Die ursprüngliche Diskussion über eine Europäisierung der Saar wird vor allem vom Deutschen Heimatbund aus DPS (Demokratische Partei Saar) und CDU-Saar zur Frage verzerrt: Zurück zu Deutschland oder nicht? Und zur Forderung: „Der Dicke muss weg", womit Hoffmann gemeint war. Neben der Heimatverbundenheit spielen bei den Gegnern des Statuts auch pragmatische Motive mit: Nach dem Scheitern der Europäischen Verteidigungsgemeinschaft ist die Europa-Euphorie rasch abgeklungen, die Montanunion hat sich in Luxemburg etabliert, andere europäische Institutionen in Saarbrücken sind durch Frankreichs Eintreten für Straßburg verloren gegangen. Zudem lockt das deutsche „Wirtschaftswunder".

Am Wahltag, dem 23. Oktober 1955, lehnt eine Zweidrittelmehrheit (67,7%) der Bevölkerung das Saarstatut ab (in

Saarbrücken hat es prozentual mehr Befürworter gegeben). Jakob Kaiser, Minister für Gesamtdeutsche Fragen, überlieferte Adenauers Kommentar: *Herr Kaiser, die Saar wird uns noch viel Sorje mache.*

Hauptstadt eines neuen Bundeslandes

Der „Tag X"

Nach zähen Verhandlungen zwischen Deutschland und Frankreich und Abschluss des Luxemburger Vertrages wird das Saarland am 1. Januar 1957 politisch an die Bundesrepublik angeschlossen; wirtschaftlich bleibt es zunächst bei Frankreich. Eine kuriose Zwitterzeit. So gibt es Briefmarken mit dem Kopf des deutschen Bundespräsidenten, jedoch Franc-Währung. Saarbrücken aber ist nun Hauptstadt des elften Bundeslandes; neuer Oberbürgermeister wird Fritz Schuster. Der Landtag wählt Hubert Ney zum Ministerpräsidenten, bald gefolgt von Egon Reinert und nach dessen Unfalltod 1958 von Dr. Franz-Josef Röder.

Der Termin der wirtschaftlichen Eingliederung wird streng geheim gehalten. So geheim, dass am Morgen des „Tages X", des 5. Juli 1959, zahllose LKWs mit westdeutschen Kühlschränken und Fernsehern an der saarländischen Grenze bereitstehen. Wieder einmal wechselt die Währung; die bisherigen Francs-Preise sind durch 117,5 zu teilen, um DM zu erhalten. Dass manche Geschäftsleute stillschweigend 100:1 umrechnen, sorgt für lautstarken Protest.

Die Umstellung von der protektionistischen französischen auf die deutsche Marktwirtschaft ist mühsam, wird aber dadurch erleichtert, dass in der Bundesrepublik Deutschland noch Hochkonjunktur herrscht, während in Frankreich nach zwei Franc-Abwertungen eine Abschwächung erkennbar wird. Doch der größte Aktivposten, die saarländische Kohle, hat jetzt mit gleich drei mächtigen Konkurrenten zu kämpfen: mit der billigeren US-Kohle, dem Erdöl und der lothringischen Kohle, die nun über einen direkten Rheinanschluss verfügt – dank der Mosel-Kanalisierung, die die Bundesrepublik mitfinanziert hat!

Im Juli 1958 gibt es die erste Feierschicht, und bald türmt

sich unverkaufte Kohle zu Halden. Im folgenden Jahrzehnt werden mehr als ein Dutzend Gruben stillgelegt, und im selben Zeitraum fällt die Zahl der beim Bergbau Beschäftigten auf weniger als die Hälfte. Saarbrücken selbst ist dabei durch den Alsbachschacht und die unmittelbar vor dem Stadtrand liegende Grube Jägersfreude betroffen, dazu durch den Kohlehafen, die Bergschule und die Hauptverwaltung, den „Bergwerksdirektion" genannten Gropius-Bau. Als auch noch der Stahl durch weltweite Überkapazitäten in die Krise kommt, hinkt das Saarland wirtschaftlich bald hinter der BRD hinterher und weist die höchste Verschuldung aller Länder auf. Die Arbeitslosigkeit wächst, dort, *wo Deutschland am frömmsten und am ärmsten ist,* wie der Spiegel höhnt.

Lebhafter Ausbau in den 1960er-Jahren

Dennoch entwickelt sich Saarbrücken in den folgenden Jahren zur regionalen Wirtschaftsmetropole; ab 1957 wird sie Sitz von Oberfinanz-, Oberpost- und Bundesbahndirektionen. Wichtigste Aufgabe ist nach wie vor die Schaffung von Wohnungen. Stadtplaner Hans Krajewski entwirft zwei große Siedlungsvorhaben mit Hochhäusern und Flachbauten zwischen viel Grün. Das eine ist der Eschberg, der mit Schulen, Kirchen, Kinderspielplätzen und einem Einkaufszentrum zum eigenständigen Stadtteil wächst und mit dem Zoo ein Naherholungsgebiet erhält. Das ursprünglich hier projektierte Landeskrankenhaus wird nun auf dem Winterberg gebaut.

Das zweite Großprojekt entsteht auf der Folsterhöhe, wo die französische Firma Camus-Dietsch ab 1962 in kurzer Zeit aus Beton-Fertigteilen tausend Wohnungen errichtet; auch hier sind es Hochhäuser mit bis zu 16 Etagen. Die Öffentlichkeit ist von der klaren, zweckmäßigen und zeitsparenden Bauweise beeindruckt – noch ist die nostalgische Rückwendung zum stuckverzierten Altbau fern. Dennoch bleiben Probleme nicht aus. Lange noch müssen die Bewohner auf eine Busverbindung warten, und mangelndes Verantwortungsgefühl macht aus dem Vorzeigeprojekt bald einen sozialen Problemfall.

Seinen vielen Hügeln und Bergen verdankt Saarbrücken reizvolle Wohnlagen.

Der Deutsch-Französische Garten
Nicht weit von der Folsterhöhe liegt mit dem 1960 eingeweihten Deutsch-Französischen Garten ein ausgedehntes Erholungsgebiet, gerade dort, wo nach dem Krieg von 1870/71 einer der ersten Soldatenfriedhöfe angelegt worden war, das „Ehrental". Auf 50 Hektar gibt es viel Natur, Minigolfplätze, eine Sessel- und eine Kleinbahn, einen Tretbootverleih, die Gulliver-Welt und Gastronomie. Auch die Spielbank befindet sich hier.

Das Auto, noch unangefochtenes Kultobjekt der 1960er-Jahre, erfordert viele Investitionen: Ampelanlagen, Parkplätze und -zonen und Anfang 1970 dann die computergestützte Verkehrslenkung. Doch den gravierendsten Einschnitt ins Stadtbild bringt der Bau einer Stadtautobahn auf der linken Saarseite: Die Saar wird auf St. Johann zu verlegt, auf der Alt-Saarbrücker Seite werden die Luisenanlagen geopfert, die barocke Schlossmauer Stein um Stein nummeriert und dann um 17 Meter zurückversetzt, die Alte Brücke gekappt und durch einen Notsteg weitergeführt.

Im Dezember 1963 kann die damit geschaffene erste Stadtautobahn Deutschlands und das Autobahnstück von der rheinland-pfälzischen Landesgrenze bis Saarbrücken-Ost dem Verkehr übergeben werden. Die Euphorie weicht nur zu früh der Ernüchterung: Die zunehmende Motorisierung sorgt für Dauerlärm, zudem kommt es regelmäßig zur Überflutung. Die Saarbrücker trösten sich mit Selbstironie: „Linker Nebenfluss der Saar mit 13 Buchstaben?" Lösung: „Stadtautobahn". Immerhin sorgen Autobahnverbindungen nach Metz/Paris, Luxemburg und Trier/Koblenz in den folgenden Jahren dafür, dass die alte verkehrspolitische Isolierung der Saar endet. Später kommen mit der Westspange und dem Verkehrskreisel am Ludwigsberg samt Autobahnzubringer wichtige Entlastungsprojekte hinzu, ebenso am anderen Stadtende mit der Ostspange.

Der 1. FC Saarbrücken

Die Hoffnungen sind groß, als der 1. FC Saarbrücken, einst am 18. April 1903 in Malstatt gegründet, 1963 aufgrund der guten Platzierungen der Vorjahre eines der 16 Gründungsmitglieder der Bundesliga wird. Doch schon im folgenden Jahr muss er als Tabellenletzter absteigen und spielt in den nächsten zehn Jahren in der Regionalliga Südwest. Noch viermal erreichen die Malstatter die Aufstiegsrunde zur Bundesliga, wo sie jedoch stets scheitern. Am 16. April 1977 kommt das heute fast ungläubig erinnerte Ereignis: Der 1. FC Saarbrücken besiegt Bayern München, der mit Stars wie Gerd Müller, Franz Beckenbauer und Sepp Maier antritt, mit 6:1. Das Glück währt nur zwei Spielzeiten. Nach kurzen Ausflügen in die Bundesliga spielt der 1. FCS zum Kummer seiner Anhänger derzeit nur in der Oberliga Südwest. Aber man soll ja die Hoffnung nie aufgeben. Die tüchtige Frauenmannschaft des 1. FCS bleibt ja auch am Ball, obwohl sie 2008 aus der 1. Bundesliga absteigen musste.

Das Stadtbild verändert sich

Das St. Johanner Ufer hat in den 1960er-Jahren auf der Hafeninsel mit der von Dieter Oesterlen entworfenen Congresshalle einen eleganten Akzent erhalten. Heute kaum vorstellbar, dass sie von manchen Kritikern anfangs für „völlig unnötig" gehalten und zur „Konkurshalle" verballhornt wurde. Zusammen mit der ebenfalls 1967 eröffneten Saarlandhalle bietet sie nun reichlich Möglichkeiten für Kongresse und Großveranstaltungen. Die Bahnhofstraße ist durch Kaufhaus-Neubauten an beiden Enden (Spötter sprechen völlig zutreffend vom „Hundeknochen") und die Diskonto-Passage kräftig belebt worden, wozu seit 1961 auch die parallel zur Saar verlaufende Berliner Promenade und mehrere Spitzenhotels beitragen.

1968 konnte die viel bewunderte Moderne Galerie des saarländischen Architekten Hanns Schönecker am Saarufer bezogen werden, wo sie nun mit Staatstheater, Musikhochschule und der Alten Sammlung eine Musenecke bildet. Kluge Käufe bedeutender Werke des Impressionismus und vor allem der deutschen Expressionisten durch den früheren Direktor Rudolf Bornschein, aber auch Spenden saarländischer Industrieller und der Werbefunk Saar haben dafür gesorgt, dass die Moderne Galerie heute als kleine, aber feine Sammlung zu den Visitenkarten der Stadt gehört.

Anfang der 1960er-Jahre hat der von Dr. Franz Mai geführte Saarländische Rundfunk, nunmehr eine Anstalt des Öffentlichen Rechts und Mitglied der ARD, sein neues Funkhaus auf dem Halberg bezogen und wird mit seinen modernen Studios und Redaktionen zum weitestreichenden Medium der Saar. Die nicht nur aus journalistischen Erwägungen, sondern auch aus Geldnot geborene „Europawelle Saar" wird mit ihrer Magazinform, ihrem frischen Tonfall, ihrem populären Musikangebot und (vor allem) wegen ihrer Werbeeinnahmen zunächst ARD-weit angefeindet, doch bald bundesweit nachgeahmt. Ein eigenes Kulturprogramm kommt hinzu, dann mit der „Saarlandwelle" eine der ersten Regional-Vollprogramme und schließlich der Jugendsender „UnserDing". Die seit 1968 bis

2003 jährlich stattfindende Verleihung des Schlagerpreises „Goldene Europa" avanciert zum bundesweiten Medienereignis, Truck Branss revolutioniert das Fernsehporträt, Gerd Dudenhöffer alias „Heinz Becker" und Jochen Senf alias „Max Palü" im Tatort-Krimi werden Publikumslieblinge.

Am 22. Mai 1965 verabschiedet sich Saarbrücken von einem scheinbar veralteten Verkehrsmittel, der Straßenbahn, und führt Busse ein. Gleichzeitig wird die städtische Verwaltung auf EDV umgestellt. Ein anderer technischer Fortschritt macht Saarbrücken sogar zum Pionier: 1967 geht das Heizkraftwerk Römerbrücke in Betrieb, das dank der Kombination von Wärme- und Stromerzeugung einen doppelt so hohen Wirkungsgrad aufweist wie ein konventionelles Kraftwerk.

Beim Flughafen Ensheim, Nachfolger von St. Arnual, wird die viel belächelte, nur durch Schlagbäume von der kreuzenden Landstraße getrennte Graspiste 1968/69 durch eine moderne Landebahn ersetzt. Ein moderner Airport entsteht mit Linienverbindungen in die wichtigsten deutschen Zentren, Charterflügen in Ferienregionen, Luftfrachtverkehr und Geschäftsfliegerei.

Mit der kommunalen Gebietsreform von 1974 schließlich werden die Landkreise neu zugeschnitten; viele Gemeinden kommen zu Saarbrücken: neben der Nachbarstadt Dudweiler auch Altenkessel, Brebach, Bübingen, Ensheim, Eschringen, Fechingen, Gersweiler, Klarenthal, Schafbrücke und Scheidt. Die Bevölkerungszahl Saarbrückens steigt von 123 006 auf rund 180 000 Einwohner. Damit können nun mehr Flächen für Wohnungsbau und Gewerbeansiedlung angeboten werden, einer weiteren Zersiedelung der Landeshauptstadt wird vorgebaut. Riegelsberg, Heusweiler, Bübingen und Rilchingen-Hanweiler entwickeln sich in den 1970er-Jahren zu günstig gelegenen und landschaftlich reizvollen Wohngegenden.

Städtepartnerschaften

1965 hat mit der französischen Stadt Nantes die erste Partnerschaft begonnen. 1975 folgt Tbilissi in Georgien, womit Saarbrücken als erste bundesdeutsche Stadt eine Partnerschaft mit einer Stadt der (damaligen) Sowjetunion eingeht. Initiator ist

Saarbrückens Theaterintendant Hermann Wedekind, der auch für faszinierende Gastspiele georgischer Künstler sorgt. Seit 1987 bildet Cottbus, eine Stadt der damaligen DDR, die Dritte im Bunde.

Eine moderne Stadt entdeckt ihre Altstadt

Während in den 1970er-Jahren endlich das Industriegelände im Süden der Stadt bebaut wird, setzt sich gleichzeitig neben dem „Alles neu"-Wahn der Nachkriegszeit wieder das Verständnis für die erhaltene historische Bausubstanz durch. Die Ludwigskirche und die sie umringenden Palais, das Schloss mit seinem Platz, der St. Johanner und der St. Arnualer Markt mit ihren Seitensträßchen werden mit neuen Augen wiederentdeckt. Das Nauwieser Viertel in St. Johann, früher ein wenig schäbig und ärmlich wirkend, ist heute absolut „in", und die oft raffiniert modernisierten Apartments in den alten Häusern sind begehrt.

Im europäischen Denkmalschutzjahr 1975 feiern die Bürgerinnen und Bürger das erste Saarbrücker Altstadtfest. Und 1979 kann Oskar Lafontaine, von 1976 bis 1985 Saarbrücker Oberbürgermeister, die neue Fußgängerzone am St. Johanner Markt einweihen. Eine Entwicklung, die sich später mit der Restaurierung von Industriebauten fortsetzt und den Bürgern unter anderem architektonisch reizvolle und akustisch überraschend günstige Veranstaltungsräume verschafft. Ein attraktives Beispiel ist die Alte Feuerwache am Landwehrplatz, heute zweite Spielstätte des Staatstheaters. Auch die Umgestaltung des alten Kohlehafens zu einem Bürgerpark gehört hierher, wobei man bewusst Reste der alten Hafenanlagen einbezieht.

Als größtes Projekt dieser Art wird die Völklinger Hütte 1986 stillgelegt und zum Industriedenkmal ausgebaut; inzwischen zählt sie zum Weltkulturerbe der UNESCO. Zu dieser Zeit ist Oskar Lafontaine bereits Ministerpräsident des Saarlandes, und sein Nachfolger im Rathaus ist Hans-Jürgen Koebnick.

1989 wird endlich auch die Restaurierung des Schlosses

samt neuem Mittelrisaliten von Gottfried Böhm abgeschlossen; es ist heute Sitz des Regionalverbandes. Mit der Rekonstruktion des alten „Saarkrahnens" wird ein weiteres Stück Vergangenheit wiederbelebt. Rathauscarrée und Congresshalle werden durch Anbauten erweitert. Eine helle und geräumige Stadtbibliothek lädt zum Schmökern ein. Ein luxuriöses „Wellness"-Bad und ein „Event"-Kino tragen dem gesteigerten Lifestyle Rechnung.

Die Westspange, eine besonders wichtige Saar-Brücke, hat seit 1986 zu einer spürbaren Entlastung des Verkehrs gesorgt, inzwischen ergänzt durch die Ostspange am anderen Ende der Stadt und einen Straßentunnel vor dem Hauptbahnhof. Zwei neue Parkhäuser an der Congresshalle und am Staatstheater haben parkende Autos unter die Erde verbannt und dafür Grünflächen geschaffen. Und im Oktober 1997 kann die Saarbahn in Betrieb genommen werden, nachdem ihr Bau bei laufendem Verkehr den Bürgern mühsame Jahre bescherte. Da sie sowohl die Anlagen der Deutschen Bahn und der französischen SNCF (bis Sarreguemines) nutzen wie auch als reine Straßenbahn betrieben werden kann, ist sie ein wichtiges Element des Saarländischen Verkehrsverbundes. Und auch am Flughafen wird mit dem Ausbau und der Modernisierung der Gebäude begonnen.

Was zum neuen Behagen beiträgt, ist die Verbesserung der Luft und der Wasserqualität der Saar. Seit Inbetriebnahme des modernen Großhochofens der ROGESA in Dillingen ist die Zeit endgültig vorbei, als 30 Hochöfen im Land die Luft mit Rauch und Staub erfüllten. Die strengen Umweltauflagen für die Industrie haben möglich gemacht, dass sich in der Saar wieder Fische tummeln.

Das kulturelle Angebot ist unerwartet groß

1988 hat das Land das Staatstheater ganz übernommen. Mit überregional beachtetem Schauspiel, einem vom Barock bis zur Gegenwart reichenden Opernspielplan und einem Ballett, für dessen Leitung gleich mehrmals junge und kreative Choreographinnen gewonnen wurden, hat es längst das Niveau eines „Stadttheaters" hinter sich gelassen.

Respektabel, dass der Saarländische Rundfunk seine kulturellen Veranstaltungen ungeachtet einer selbstverordneten Schlankheitskur kaum reduziert hat. So bringen die Konzertreihen der renommierten Radiophilharmonie, die mit ihren CD-Veröffentlichungen bis zu Grammy-Nominierungen vorstieß, eine gesunde Konkurrenz für die Sinfoniekonzerte des Staatsorchesters, und die alljährliche „Musik im 20. (inzwischen 21.) Jahrhundert", zieht schon seit 1970 Komponisten, Hörer und Fachjournalisten von weither an.

Ein weiterer fester Termin für Kulturfans ist das seit 1980 bestehende Festival des deutschen Nachwuchsfilmes, das den Namen eines in Saarbrücken geborenen großen Regisseurs trägt: Max Ophüls. Sein Charakteristikum, nämlich erstaunliche Qualität und Breitenwirkung bei schmalstem Budget, teilt es mit den ebenfalls alljährlich stattfindenden *Perspectives du théâtre français*. Mit häufig unbekannten jungen Talenten beider Länder wird hier im besten Sinne „großes Theater" gemacht.

Aus der ehemaligen Ingenieurschule ist 1991 eine Hochschule für Technik und Wissenschaft geworden. 1987 wird das Leibniz-Institut für Neue Materialien (INM) eröffnet; Max-Planck-Institute für Informatik (1990) und Softwaresysteme (2004) entstehen, dazu das Fraunhofer-Institut für Zerstörungsfreie Prüfverfahren und das Deutsche Forschungszentrum für Künstliche Intelligenz. 2001 wird die Deutsch-Französische Hochschule mit Sitz in Saarbrücken gegründet, ein Verbund deutscher und französischer Hochschulen, der binationale Studiengänge, Doktoranden- und Forschungsprogramme anbietet.

1989 hat die Hochschule der Bildenden Künste als Nachfolger der mehrfach umbenannten Schule für Kunst und Handwerk begonnen, Freie Künstler und Designer auszubilden. Und neben der Musikhochschule gibt es eine städtische Musikschule, deren hohe Schülerzahlen die bekannte Musikliebe dieser Region ebenso bestätigen wie etwa die überbordende Fülle der alljährlichen „Sommermusik".

Auf zwei ihrer insgesamt 10 Gymnasien sind die Saarbrü-

Dieser Anblick bietet sich von der Stadtautobahn.

cker besonders stolz: auf das älteste, das Ludwigsgymnasium von 1604, und das 1961 gegründete Deutsch-Französische Gymnasium/Lycée Franco-Allemand. Eines der wenigen Gebiete, auf denen Saarbrücken tatsächlich französischer ist als andere deutsche Städte.

Saarbrücken heute ... auf dem Weg ins Morgen

Die Bilanz ist also gut (mit Ausnahme des Haushaltes), als 180 000 Saarbrücker Bürgerinnen und Bürger mit ihrem Oberbürgermeister Hajo Hoffmann im Jahre 1999 den tausendsten Geburtstag ihrer Stadt feiern – genauer: die tausendste Wiederkehr jener ersten urkundlichen Erwähnung Saarbrückens am 14. April 999 als „Sarabruca". 2007 ist die Modernisierung des Euro-Bahnhofs Saarbrücken für die ICE-Verbindung nach Paris abgeschlossen, mit deren Hilfe man nun die Seine-Metro-

pole in nur einer Stunde und 50 Minuten erreicht. Andere Großprojekte werden erst nach lebhafter Debatte in Angriff genommen: die Verschmelzung der ehemaligen Bergwerksdirektion und der Saar Galerie zu einem großen Einkaufszentrum und die Erweiterung der Modernen Galerie durch einen geräumigen Anbau.

Eine der ersten Initiativen der seit 2004 amtierenden Oberbürgermeisterin Charlotte Britz ist eine „Zukunftswerkstadt Saarbrücken", wobei aktuelle Trends wie Bevölkerungsrückgang, Überalterung, aber auch die Finanzkrise der Kommunen untersucht werden. Seitdem entwickelt die Stadt das „Stadtquartier Eurobahnhof" für Gewerbe und Kultur. Hier wird auf einem etwa 10 Hektar großen Gelände in unmittelbarer Citylage ein hochwertiger Dienstleistungsstandort geschaffen, der durch direkten Zugang zum Hauptbahnhof und zur Autobahn bestechende Möglichkeiten bietet. Zugleich arbeitet die neue Baudezernentin Rena Wandel-Hoefer an der Konzeption „Stadtmitte am Fluss". Ein wichtiges Ziel ist dabei, die Stadtautobahn, welche die City zerschneidet und mit ihrem

Lärm Wohnen und Freizeitnutzung einschränkt, in einen Tunnel zu verlegen und die Stadt zum Wasser hin zu öffnen, womit eine weitere Flaniermeile am Fluss mit urbanem Charakter entstehen wird.

Dies alles und mehr muss trotz einer schwierigen Haushaltslage erreicht werden. Dass es den meisten deutschen Städten so geht, tröstet keinen. Und man grübelt, wo der Rotstift am wenigsten Schaden anrichten könnte.

Aufzählungen wie die auf den letzten Seiten machen ein wenig atemlos. Unvermeidlich sind sie dennoch, denn Saarbrücken hat die sechs Jahrzehnte friedlicher Aufbauarbeit seit Kriegsende gut genutzt. Natürlich wurden diese Veränderungen nicht nur zu einem finanziellen Hürdenlauf, sondern sorgten auch für lebhafte Diskussionen bei den Saarbrückerinnen und Saarbrückern. Die nutzen nämlich das Neue gern, hängen aber zäh am Alten und schimpfen auf jede Veränderung. Und so stolz sie insgeheim auch darauf sind, wie ihre Stadt sich entwickelt hat, so würden sie doch auf die Frage, ob sie sich in ihrer veränderten Umgebung wohlfühlen, bestimmt antworten: *Ach wissen Sie, friejer gings mer gudd, dann gings mer besser. Awwer ich wolld, es ging mer wieder gudd.*

Zeittafel

zwischen 1100 und 800 v. Chr.	Besiedelung der Saarterrassen. Im letzten Jahrhundert v. u. Z. lebt im Saarbrücker Raum der keltische Stamm der Mediomatriker. Bau einer Fliehburg mit 300 Meter langem Wall im Stiftswald.
16–13 v. Chr.	Nach der Eroberung Galliens durch Caesar gliedert der römische Kaiser Augustus das Gebiet. Die Mediomatriker gehören nun zur Provinz Belgica mit Sitz im heutigen Reims.
1. Jh. n. Chr.	An der Kreuzung der Straßen von Toul nach Köln und von der Champagne zum Oberrhein entwickelt sich am Halberg ein Vicus (Marktflecken), durch eine Leitung vom Schwarzenberg mit Wasser versorgt; eine steinerne Brücke über die Saar wird errichtet. In halber Höhe des Halberges entsteht ein Mithras-Heiligtum. Ein Kastell bleibt unvollendet.
um 275/76	Franken und Alamannen dringen in die Provinz Belgica ein.
352	Beim zweiten Ansturm der Alamannen wird wohl der größte Teil des Vicus zerstört; die Siedlung verfällt. Auf dem westlichen Saarufer entwickelt sich das Dorf Merkingen. Kurz nach 600 schenkt der merowingische König Theudebert II. diese Siedlung dem Bischof Arnuald von Metz. Eine Kirche und ein Chorherrenstift werden errichtet, später Grablege des Bischofs. Bald erhält Merkingen dessen Namen: St. Arnual. Im 13./14. Jahrhundert entsteht hier die heutige Stiftskirche.
999	Erste Erwähnung eines „Castellum Sarabruca" in einer Beschwerde des Bischofs Adalbero II. von Metz (984–1005) beim Kaiser, woraufhin dieser die Burg und weitere Gebiete dem Bischof schenkt.
um 1100	Der Metzer Bischof Adalbero II. belehnt die Grafen vom Saargau mit der Burg; mit Graf Sigebert († vor 1118) beginnt die Reihe der 25 Grafen und Gräfinnen von Saarbrücken.
Juni 1147	Das französische Kontingent des 2. Kreuzzuges unter Führung von König Ludwig VII. rastet in St. Arnual.
1168	Die Burg Sarebrugka wird auf Befehl von Kaiser Barbarossa „gebrochen" (nicht zerstört).
nach 1168	Die entstandene kleine Siedlung wird auf die West-

	seite der Burg verlegt, etwa auf das Gebiet des heutigen Nanteser Platzes.
1227	Graf Simon III. (1207?–1234?) stiftet eine Niederlassung des Deutsch-Ritterordens im Westen Saarbrückens („Deutschherrenstraße").
1271	Das Haus Saarbrücken-Commercy übernimmt die Grafschaft.
1321	Graf Johann verleiht den Freiheitsbrief und die Stadtrechte *an die stat Sarbrucken und Sente Johan dat dorf.*
1466	Saarbrücken hat jetzt 1000 Einwohner.
1503	Ein Feuer zerstört fast ganz St. Johann.
1546	Unter Graf Philipp II. (1509–1554) werden die beiden Städte Saarbrücken und St. Johann erstmals durch eine Brücke verbunden.
1563	Philipps II. Nachfolger Graf Johann IV. (1511–1574) lässt Teile der mittelalterlichen Burg niederlegen und befestigt deren Ringmauer durch starke Bollwerke.
1574	Philipp III. (1542–1602) führt in der Grafschaft Saarbrücken die Reformation nach lutherischem Bekenntnis ein.
ab 1602	Erbauung des Renaissanceschlosses.
1604	Graf Ludwig von Nassau-Saarbrücken gründet das heute noch bestehende Ludwigsgymnasium.
1628	In Saarbrücken leben 2732 Bürger, in St. Johann 1826. Im 30-jährigen Krieg sorgen fortwährende Truppendurchmärsche, Einquartierungen, Plünderungen und Rekrutierung der jungen Männer für einen starken Rückgang der Bevölkerung und den Ruin der umliegenden Gemeinden.
1677	Im Holländischen Krieg zünden französische Besatzungstruppen Saarbrücken an, das bis auf wenige Häuser niederbrennt. St. Johann bleibt verschont.
1681	Im Zuge der „Reunionskriege" König Ludwigs XIV. wird die Grafschaft bis zum Friedensvertrag von Rijkswijk 1697 Teil der französischen *Province de la Sarre*.
1728	Die Linien Saarbrücken und Ottweiler erlöschen; die Besitzungen fallen an die Fürsten von Nassau-Saarbrücken.
1741	Fürst Wilhelm Heinrich von Nassau-Saarbrücken tritt die Herrschaft an. Mit ihm nimmt die Residenz einen enormen Aufschwung: Sein Baumeister Friedrich Joachim Stengel errichtet von 1738 bis 1748 ein Barockschloss. Durch Steuererleichterungen und an-

	dere Vergünstigungen werden private Bauherren geworben; eine Barockstadt entsteht, die auch Goethes Beifall findet. Krönung ist die Ludwigskirche, von prächtigen Palais umgeben. Gleichzeitig fördert Fürst Wilhelm Heinrich Wirtschaft, Industrie und Handel.
1744	Erstmals wird der Saarbrücker Bann vermessen und ein Kataster angelegt.
1754	Regelmäßige Verbindung von Saarbrücken über Wien nach Ungarn und Polen mit der Postkutsche.
1758	In St. Johann wird die heutige Katholische Basilika St. Johann eingeweiht.
1761	Als erste eigene Zeitung wird das „Nassau=Saarbrückische Wochen=Blat", die spätere Saarbrücker Zeitung, ins Leben gerufen. Die „Krahnengesellschaft" errichtet den ersten Saar-Kran.
1763	Fürst Wilhelm Heinrich lässt in Ottweiler eine Porzellanmanufaktur einrichten.
1768	Ein Lustschloss auf dem Halberg wird durch ein weiteres auf dem Ludwigsberg ergänzt.
1770	Der junge Goethe besucht die Saarregion, lobt die Architektur Saarbrückens und studiert technische Einrichtungen sowie den „Brennenden Berg" bei Dudweiler.
1783	Ein extremes Hochwasser mit Eisgang reißt die Alte Brücke ein und zerstört den Kran und viele Schiffe.
1787	Fürst Ludwig heiratet in zweiter Ehe Katharina Kest, das „Gänsegretel von Fechingen". Das Haus Nassau verweigert ihr den Fürstinnen-Titel.
1789	Die Französische Revolution ermutigt die Saarbrücker Bürger, dem Fürsten zahlreiche Forderungen vorzulegen, die dieser zum Teil bewilligt. Zum Dank beauftragen die Bürger den Theatermann August Wilhelm Iffland mit einem Theaterstück für den Fürsten; Iffland schreibt *Luassan* (= NassauL[udwig]) und wird Direktor des Hoftheaters.
1791	Französische Revolutionstruppen besetzen Saarbrücken; Fürst Ludwig flieht mit Familie nach Mannheim.
1793	Das fürstliche Schloss geht in Flammen auf. Den Bürgern werden mehrere hohe Kontributionen auferlegt. Französische und preußische Kanonen beschießen sich von den Hügeln um Saarbrücken. Öffentliche Hinrichtung zweier Ortsvorsteher mit der Guillotine.
1794	Fürst Ludwig stirbt im Exil, ebenso Erbprinz Heinrich (1797); damit ist die Linie Saarbrücken-Nassau ausgestorben.
1797 und 1801	Durch die Friedensschlüsse von Campo Formio und

	Lunéville wird Saarbrücken an Frankreich abgetreten.
1815	Saarbrücken wird im 2. Pariser Frieden Teil der preußischen Rheinprovinz. Bedeutender Aufschwung von Industrie und Wirtschaft; die Einwohnerzahl steigt von 6000 (1815) bis 1852 auf 11000.
1852	Erste Eisenbahn in Saarbrücken als Teil der Linie Mannheim – Paris. Der rasche Ausbau von Bergbau und Stahlindustrie führt zum Aufblühen der Region. Malstatt-Burbach überflügelt Saarbrücken-St. Johann.
1870	Die Schlacht von Spichern fordert über tausend Tote und viele tausend Verwundete.
1880	Baron Carl Ferdinand von Stumm, „Hüttenkönig", erwirbt den Halberg und errichtet dort ein neogotisches Schloss.
1909	Zusammenschluss von Saarbrücken, St. Johann und Malstatt-Burbach zur Großstadt mit rund 105000 Einwohnern. Rege Bautätigkeit und Aufblühen der Wirtschaft in den folgenden Jahren.
1914–1918	Der Erste Weltkrieg bringt neben verlustreichen Luftangriffen auch bedeutende wirtschaftliche Einbußen durch den Wegfall des lothringischen Marktes.
1919	Der Vertrag von Versailles vom 19. Juni schafft das „Saarstatut", das eine künstlich geschaffene Region namens „Saargebiet" mit der Hauptstadt Saarbrücken auf 15 Jahre unter die Verwaltung des ebenfalls gerade entstandenen Völkerbundes stellt und die Ausbeutung der Saargruben durch Frankreich vorsieht.
1920	10. Januar: Das Saarstatut tritt in Kraft.
1923	Am 18. Mai wird der französische Franc zur Währung im Saargebiet.
1935	13. Januar: Nach heftigem Wahlkampf zwischen Sozialdemokraten und Kommunisten auf der einen Seite und der von den bürgerlichen Parteien gebildeten „Deutschen Front" auf der anderen entscheidet sich die Saarbevölkerung mit 90,78% für die Rückkehr zu Deutschland. 25. Juli: Der Reichssender Saarbrücken geht auf Sendung.
1938	Errichtung des „Westwalls", eines Systems aus Bunkern und Höckerlinien entlang der Saarbrücker Grenze.
1939	In den ersten Tagen des Zweiten Weltkrieges wird Anfang September 1939 ein etwa 10 Kilometer breiter Streifen entlang der Grenze zu Frankreich als „Rote Zone" binnen weniger Tage evakuiert.

1940	Nach dem Frankreich-Feldzug wird Saarbrücken Hauptstadt des Gaues Westmark, der sich von Metz bis Ludwigshafen erstreckt.
1944	5. Oktober: Schwerstes Bombardement Saarbrückens. 344 Menschen sterben, ein großer Teil der Stadt wird zerstört.
1945	21. März: Amerikanische Truppen ziehen in Saarbrücken ein und beginnen mit der Einrichtung einer Verwaltung. 10. Juli: Oberst Gilbert Grandval übernimmt für Frankreich die Regierungsgewalt.
1947	15. Dezember: Der Landtag verabschiedet die Verfassung für einen autonomen, aber wirtschaftlich an Frankreich angeschlossenen Saarstaat mit Johannes Hoffmann als Ministerpräsidenten.
1948	Die Universität des Saarlandes wird eingeweiht.
1950	Die erste Saarmesse öffnet ihre Pforten.
1954	Der französische Ministerpräsident Pierre Mendès-France und Bundeskanzler Konrad Adenauer unterzeichnen das Pariser Abkommen über eine Europäisierung der Saar, das Europäische Saarstatut.
1955	23. Oktober: Zwei Drittel der Saarbevölkerung lehnen das Saarstatut ab.
1957	1. Januar: Das Saarland wird politisch an die Bundesrepublik Deutschland angeschlossen.
1959	5. Juli: Auch wirtschaftlicher Anschluss an die Bundesrepublik. In den folgenden Jahren entwickelt sich Saarbrücken zur regionalen Wirtschaftsmetropole. Großprojekte wie auf dem Eschberg und der Folsterhöhe lindern die Wohnungsnot. Unter Verlegung der Saar wird die Stadtautobahn gebaut; weitere Autobahnen nach Frankreich/Benelux und Westdeutschland beenden die verkehrspolitische Isolation. Zahlreiche Großbauten wie Congress- und Saarlandhalle, Berliner Promenade, Moderne Galerie und Musikhochschule bereichern das Stadtbild. Der Bau des Flughafens Ensheim und der Studios des Saarländischen Rundfunks auf dem Halberg fördern den Anschluss an bundesdeutsches Niveau.
1965	Die Straßenbahnen werden durch Busse ersetzt. Nantes wird erste Partnerstadt Saarbrückens.
1970	Das alljährliche *Festival Musik im 20. Jahrhundert* des Saarländischen Rundfunks findet zum ersten Mal statt.
1975	Tbilissi wird zweite Partnerstadt.
1978	Das Festival *Perspectives du théâtre français* wird

	ins Leben gerufen; 1980 folgt das *Max-Ophüls-Festival* des jungen deutschen Films.
1979	Einweihung der Fußgängerzone um den St. Johanner Markt.
1986	Die Westspange sorgt für Entlastung des Autoverkehrs.
1987	Cottbus wird dritte Partnerstadt.
1989	Abschluss der Restaurierung des Schlosses.
1997	Inbetriebnahme der Saarbahn, die grenzüberschreitend sowohl die Anlagen der Deutschen Bahn und der französischen SNCF (bis Sarreguemines) nutzen wie auch als reine Straßenbahn betrieben werden kann.
1999	1000-Jahr-Feier Saarbrückens (999 erste urkundliche Erwähnung).
2001	13. Januar: Gründung der Deutsch-Französischen Hochschule in Saarbrücken.
2004	Großprojekte wie „Stadtquartier Eurobahnhof" für Gewerbe und Kultur sowie „Stadtmitte am Fluss" werden entwickelt.
2007	ICE-Verbindung vom neuen Euro-Bahnhof Saarbrücken nach Paris in einer Stunde und 50 Minuten.
2009	100-Jahr-Feier des Zusammenschlusses von Saarbrücken, St. Johann und Malstatt-Burbach zur Großstadt.

Stadtoberhäupter seit 1900

1888–1909	Paul Alfred Neff
1909–1919	Emil Mangold
1919–1920	August Carl Klein
1921–1935	Dr. Hans Neikes
1935–1937	Ernst Dürrfeldt
1937–1945	Fritz Schwitzgebel
1945	Heinrich Wahlster
1945–1946	Dr. Emil Peter Hein, Bürgermeister
1946–1949	Dr. Franz Maria Singer, Bürgermeister
1949	Johann Heinrich Barth, Bürgermeister
1949–1956	Peter Zimmer, Bürgermeister (SPS)
1956–1957	Johann Ecken, Beigeordneter
1957–1976	Fritz Schuster, Oberbürgermeister
1976–1985	Oskar Lafontaine, Oberbürgermeister (SPD)
1985–1991	Hans-Jürgen Koebnick (SPD)
1991–2004	Hajo Hoffmann (SPD, ab August 2002 suspendiert)
2002–2004	Kajo Breuer, kommissarischer Leiter der Stadtverwaltung (Grüne)
Seit 2004	Charlotte Britz, Oberbürgermeisterin (SPD)

Literatur

Bost, Reinhold, *Bartholomäus Koßmann*, Blieskastel 2002
Bruch, Ludwig, *200 Jahre Saarbrücker Zeitung*, Saarbrücken 1961
Bungert, Gerhard/ Lehnert, Charly *(Hg.)*, *Das Saarbrücker Schloss*, Saarbrücken 1989
Das Tagebuch der Baronin Spitzemberg, Göttingen 1960
Dehio, Georg, *Handbuch der deutschen Kunstdenkmäler Rheinland-Pfalz Saarland*, München 1972
Herrmann, Hans-Walter/ Hoppstädter, Kurt (Hg.), *Geschichtliche Landeskunde des Saarlandes*, Saarbrücken 1977
Herrmann, Hans-Walter/ Klein, Hanns, *Festschrift zur 650jährigen Verleihung des Freiheitsbriefes an Saarbrücken und St. Johann*, Saarbrücken 1971
Hudemann, Rainer/ Jellonnek, Burkhard/ Rauls, Bernd (Hg.) unter Mitarbeit von Hahn, Marcus, *Grenz-Fall / Das Saarland zwischen Frankreich und Deutschland 1945 – 1960*, St. Ingbert 1997
Keisinger, Nike/ Wackers, Ricarda (Hg.), *Musik in Saarbrücken*, Saarbrücken 2000
Kloevekorn, Fritz, *Saarbrückens Vergangenheit im Bilde*, Frankfurt a. M. 1976
Koellner, Friedrich Christian, *Etwas zum Zeit Vertreib der Winter Abenten*, Manuskript beim Historischen Verein für die Saargegend
Kreuth, Paul, *Grenze als Schicksal. 150 Jahre Landkreis Saarbrücken*, Saarbrücken, 1966
Oberhauser, Fred/ Petto, Rainer (Hg.), *Ein saarländisches Lesebuch*, Saarbrücken 1980
Ohmeyer, Karl, *Friedrich Joachim Stengel*, Saarbrücken 1982
Ruppersberg, Albert, *Saarbrücker Kriegschronik*, Saarbrücken 1895
Schleiden, Karl August, *Saarbrücken, so wie es war*, Düsseldorf 1973
Schneider, Heinrich, *Das Wunder an der Saar*, Stuttgart 1974
Seck, Doris, *Saarländische Kriegsjahre*, Saarbrücken 1979
van Dülmen, Richard (Hg.), *Industriekultur an der Saar 1840 – 1914*, München 1989
Von der Stunde Null zum Tag X. Das Saarland 1945 – 1959, Veröffentlichung zur Dauerausstellung im Historischen Museum Saar, Saarbrücken 1990
Wittenbrock, Rolf (Hg.), *Geschichte der Stadt Saarbrücken*, Saarbrücken 1999
Zimmermann, Walter (Hg.), *Die Kunstdenkmäler der Stadt und des Landkreises Saarbrücken*, Saarbrücken 1975

Besonderer Dank gilt Dieter Heinrich für kenntnisreiche Anmerkungen und kritisches Gegenlesen des Manuskripts. H.B.

Register

Ortsregister

Altenkessel 134
Blieskastel 66
Bliesransbach 42
Brennender Berg 47
Cottbus 135
Dillingen/Saar 12, 51, 136
Fischbach 69
Folsterhöhe 130, 145
Forbach 114
Gau Westmark 113
Harskirchen 57
Homburg 50
Jägersfreude 44, 69, 130
Landau 76
Ludweiler 46
Luisenthal 86
Merzig 66, 100
Metz 10, 14, 16 ff., 27, 29, 31, 39, 43, 62, 65, 68, 80, 87, 114, 141, 145
Nantes 134
Neunkirchen 44, 58
Ottweiler 32, 33, 48, 50, 51, 66, 100, 142, 143
Paris 33, 34, 39, 48, 53, 56, 65, 69, 70, 72, 75, 80, 85, 89, 102, 114, 123, 127, 132, 138, 144ff.
Püttlingen 57
Rote Zone 113, 144
Rußhütte 43, 66, 86
Saargebiet 100 f., 103, 105, 107 f., 112
Saarlouis 30, 43, 53, 60, 64, 71, 76, 100
Saarwerden 57
Sarreguemines 136
St. Wendel 66, 100
Sulzbach 43
Tbilissi 134
Trier 77, 83, 85
Waldmoor 66

Saarbrücken

Gebäude
Alte Brücke 16, 24, 55, Abb. 93, 142, 143
Alte Feuerwache 135
Bahnhof 84, 136, 138
Barockschloss 34 f f., Abb. 35, 59
Barockschloss Abb. 35, 59, Abb. 61, 73, 119, 142, 143, 146
Bergwerksdirektion 138
Bismarck-Brücke 96
Bürgerhospital 105
Congresshalle 133, 136, 145
Deutsch-Französisches Gymnasium 138
Dudweiler Straße 96
Erbprinzenpalais 55, 59
Flughafen Ensheim 134, 145
Flugplatz St. Arnual 105 ff., Abb. 106
Funkhaus Halberg 133, 145
Fürstliches Comödienhaus 56, 61
Heizkraftwerk Römerbrücke 134
Hochschule der Bildenden Künste 137
„Hospital, Armen-, Wayßen- und Zuchthaus" 38, 66
Kaiser-Friedrich-Brücke 96
Kunsthochschule 56
Landtag (zuvor Zivil-Casino) 84
Ludwigsgymnasium 26, 138, 142
Luisenbrücke 85
Maison de plaisance (Halberg), 31, 59

Mithras-Heiligtum am Halberg 13, 24, 141
Moderne Galerie 133, 139, 145
Musikhochschule 137, 145
Rathaus 94, Abb. 95
Renaissanceschloss 26, Abb. 30, 142
Römische Saarbrücke 11, 12, 22
Römisches Kastell 12
Saarkran 45, Abb. 46, 136
Saarlandhalle 133, 145
Saarmesse 145
Schloss Halberg 59, 90, Abb. 91
Staatstheater 110, Abb. 111, 124, 136
Stauferburg 16 ff., 25, 142
Synagoge 109
Universität 123, Abb. 125, 145
Wackenberg 108, 110
Wartburg 102 ff., 114, 122
Westspange 136, 146
Westwall 111, 113, 144
Winterberg-Denkmal 114
Winterberg-Krankenhaus 130
Zoo 111, 130

Kirchen
Alte Kirche St. Johann 31
Basilika St. Johann Abb. 39, 143
Christ-König-Kirche 103
Deutschherrenkapelle 19, Abb. 21
Friedenskirche 36
Johanniskirche 94
Ludwigskirche 38, Abb. 64, 119, 135, 142
Michaelskirche 103
Schlosskirche 17, 29
Stiftskirche 14, 24, 141

Stadtteile
Burbach 43, 77, 83, 86, 95 ff., 114, 144
Brebach 9, 66, 77, 134
Bübingen 28, 57, 62, 134
Dudweiler 43, 47

Eschberg 130, 145
Eschringen 134
Fechingen 27, 51, 134
Geislautern 78
Gersweiler 28, 43, 47, 134
Güdingen 9, 57, 62
Halberg 113, 141
Klarenthal 43, 134
Malstatt 27, 58, 66, 83, 86, 95 ff., 114, 132, 144
Rentrisch 9, 45
Schafbrücke 134
Scheidt 69
St. Arnual 9, 10, 14, 18, 22, 25, 27, 28, 68, 135
St. Johann 9, 20, 23, 28, 60, 66, Abb. 75, 79, 92 ff., 132 ff., 133, Abb. 138, 143
Stiftswald 9
Warndt 46

Straßen/Plätze
Altneugasse 22
Bahnhofstraße 109, 114
Bellevue 103
Berliner Promenade 133, 145
Bleichstraße 39
Bürgerpark 135
Deutsch-französischer Garten 131
Flughafen Ensheim 134
Flugplatz St. Arnual 105
Fröschengasse 22
Fürstenweg 39
Gerberstraße 39
Goldene Bremm 81, 116
Halberg 10, 12, 13, 40, 45, 52, 60, 69, 90
Haldystraße 65
In der Galgendell 20
Julius-Kiefer-Straße 9
Kaiserstraße 68
Kieselhumes 11
Korns Eck 65
Ludwigsberg 40, 51, 53, 61, 86, 90, 125, 132, 145

Ludwigsplatz 37 ff., 59
Lulustein 87
Mainzer Straße 9
Metzer Straße 80, 103
Nanteser Platz 17, 142
Neumarkt 114
Nussberg 9
Obere bzw. Untere Lauerfahrt 22
Reppersberg 92
Saarmesse 126
Schenkelberg 92
Schillerstraße 39
Schlossberg 14

Schlossplatz 17, 62
Schwarzenberg 11
Sonnenberg 9, 105, 114
Spicherer Höhen 87 ff., 144
St. Johannes Markt 14, 119, 135
Staden 92
Stadtautobahn 132, 139
Stiering-Wendel 87
Talstraße 41
Wilhelm-Heinrich-Straße 17, 37, 79
Winterberg 60

Personenregister

Adalbero II., Bf. v. Metz 16, 18, 141
Adenauer, Konrad 127, 128, 145
Albero, Erzbf. v. Trier 18
Alexander, Salomon 45
Alexander, Samuel 45
Andreae, Johann 17
Aragon, Louis 101
Arnuald, Bf. v. Metz 14, 13, 141
Augustus, (Gaius Octavius), Ks. 10, 141
Ausonius, Decimus Magnus 11

Barbarossa (Friedrich I.), Ks. 18, 141
Barrault, Jean Louis 123
Barriol, Jean 123
Bastide, François-Régis 123
Baumgarten, Paul 110
Bausch, Hans 112
Beckenbauer, Franz 132
Beer-Herz, Gebrüder 49
Beethoven, Ludwig van 104
Benedikt XIV., Papst 39
Berlioz, Hector 69
Bernard, Louis Joseph 66

Bidault, Georges 118
Billmann, Frédéric 112, 124
Bismarck, Otto v. 87
Blücher, Gerhard Leberecht v. 60
Bock & Seip, Buchhandlung 34
Böcking, Heinrich 74, 78
Böhm, Gottfried 136
Bonaparte, Napoleon 6, 64, 66, 69, 71, 72, 75, 77
Borchert, Wolfgang 124
Bornewasser, Franz Rudolf 107, 109
Bornschein, Eduard 105
Bornschein, Rudolf 133
Bötticher, Richard 96
Branss, Truck 134
Brecht, Bertolt 107, 108
Briand, Aristide 101
Britz, Charlotte 139
Bruch, Sebastian 74
Bürckel, Josef 107

Caesar, Gaius Julius 10, 141
Camus-Dietsch 130
Capet, Hugo, Kg. v. Frankreich 23

Charlotte Amalie, Fürstin v. Nassau-Saarbrücken (1728–1738) 32, 33
Churchill, Winston 118
Coraille, Pierard de 29
Corea, Joseph 38
Cormann, Victor 104

Daguerre, Louis 65
Dern, Wilhelm Heinrich 77
Diderot, Denis 49
Dietz, Ferdinand 35
Dietzsch, Ferdinand 82
Dignimont, André 102
Donndorf, Adolf 94
Dryander, Johann Friedrich 52, 73, 84
Dudenhöffer, Gerd 134
Dürrfeld, Ernst 109

Ehrmann, Jean François 62 ff., 77
Eleonora Klara, Gfn. v. Saarbrücken (1677–1697) 29, 31
Elisabeth, geb. Gfn. v. Lothringen (1429–1442) 15, 23
Erbach, Sophie v., Gfn. 34, 49
Erhardt & Sehmer 86

Feldmann, Friedrich Wilhelm 94
Firmond, Georg Ludwig 65, 66
Fontane, Theodor 97
Franz II., dt. Ks. 66
Franz, Wilhelm 94
Freital, Frau v. 38
Friedrich II., gen. „der Große", Kg. v. Preußen 37
Friedrich Ludwig zu Ottweiler (1723–1728) 32
Friedrich Wilhelm III., Kg. v. Preußen 81
Friedrich Wilhelm IV., Kg. v. Preußen 7, 82
Furtwängler, Wilhelm 102

Gernsheim, Friedrich 84
Gieseking, Walter 123

Goebbels, Joseph 107, 109
Goethe, Johann Wolfgang v. 6, 35, 38, 44, 47, 143
Gottlieb, Heinrich 55
Gouvrekian, Gabriel 123
Gouvy, Louis Théodore 69
Gouvy, Pierre 45, 69, 76
Gowa, Henry 123
Grandval, Gilbert 118 ff., 124, 145
Grewenig, Fritz 104
Grimmelshausen, Hans Jakob Christoffel v. 27
Gustav Adolf, Gf. v. Saarbrücken (1659–1677) 28, 29, 31
Güth, Heinrich 94

Haas, Eduard 79
Haldy, Anton 65
Hardenberg, Karl August v. 75, 76
Hauberrisser, Georg, Ritter v. 94
Hauptmann, Gerhart 7, 104
Heim, Emil 117
Heinrich I., Kg. 101
Heinrich II., Kg. 17
Heinrich, Fürst v. Nassau-Saarbrücken (1794–1797) 54, 60, 61, 65, 73, 143
Heinz, Dieter 34, 73, 117
Herrmann, Hans-Walter 120
Heß, Rudolf 109
Heydt, August v. der, Freiherr 86
Himmler, Heinrich 109
Hitler, Adolf 106 ff., 111, 114
Hoer, Heinrich 26
Hoffmann, Hajo 138
Hoffmann, Johannes 107, 109, 118, 121, 122, 126, 145
Honorius, Flavius, Ks. 12
Horstmann, Philipp Bernhard 60
Hugo, Victor 29, 84
Humboldt, Wilhelm v. 76, 84
Huppert, Nickel 62

Iffland, August Wilhelm 56, 57, 143

Johann III., Gf. v. Saarbrücken (1442–1472) 15, 24
Johann IV., Gf. v. Saarbrücken (1554–1574) 25, 142
Johann Ludwig, Gf. v. Saarbrücken (1473–1544) 15
Johann v. Nassau-Weilburg, Gf. v. Saarbrücken (1309–1371) 23
Johann, Gf. v. Saarbrücken (1307?–1342) 19, 20, 142
Johanna, Gfn. v. Saarbrücken († 1381–1423
Julian (Flavius Claudius Iulianus), Ks. 12

Kaiser, Georg 104
Kaiser, Jakob 128
Kalkreuth, Friedrich Adolph Gf. v. 60
Karl der Große, Ks. 23
Karl IV. Theodor, Kurfürst v. der Pfalz 56
Karl Ludwig zu Saarbrücken (1713–1723) 32
Karl V., Ks. 25
Karl VII., Ks. 33
Karl v. Nassau-Usingen, Fürst v. Nassau-Saarbrücken (1738–1741) 33
Karl Wilhelm v. Nassau-Usingen, Fürst v. Nassau-Saarbrücken (formell 1797–1803) 65
Kelly, Louis G. 117
Kest, Katherina, gen. „Gänsegretel v. Fechingen" 6, 51, 58, 65, 73, 143
Keuth, Hermann 103
Kleint, Boris 123
Knappertsbusch, Hans 102
Knigge, Adolph Freiherr 40, 51, 53
Knipper, Johann Adam 73
Knobelsdorff, Alexander Friedrich v. 60
Koebnick, Hans-Jürgen 135
Koellner, Friedrich Christian 147
Koellner, Ludwig Wilhelm 35, 40
Koeppen, Wolfgang 127
Köllner, Friedrich 12, 66
Korn, Caspar 45, 65
Koßmann, Bartholomäus 101, 116, 118
Krajewski, Hans 121, 130
Kratz v. Scharfenstein 27
Krevel, Louis 84
Krome, Ferdinand 104

Lafontaine, Oskar 135
Lasalle, Duquesnoy & Cie 68
Le Corbusier 119
Lederer, Felix 104
Lemmen, Günther 104
Lenz, Viktor 113
Leopold I., Ks. 32
Levi, Hermann 84
Lichtenberg, Georg Christoph 55
Lifar, Serge 123
Liszt, Franz 104
Lohmüller, Jakob 62
Loretta, Gfn. v. Saarbrücken († 1271) 19
Louis Philippe, Kg. v. Frankreich 81
Ludwig Crato, Gf. v. Saarbrücken (1697–1713) 29
Ludwig VII., Kg. v. Frankreich 18, 141
Ludwig XIV., Kg. v. Frankreich 29, 142
Ludwig XV., Kg. v. Frankreich 34, 37
Ludwig XVI., Kg. v. Frankreich 51, 58
Ludwig, Fürst v. Nassau-Saarbrücken (1768–1793) 6, 12, 34, 37, 50 ff., 59, 143
Ludwig, Gf. v. Saarbrücken (1602–1627) 26
Ludwig, Pfalz, Gf. v. Zweibrücken-Veldenz 24

Maier, Sepp 132
Manderscheid, Erika v. 25
Mangold, Emil 96
Maria Theresia v. Österreich 31
Marie Louise v. Österreich 72
Marx, Karl 84
Masereel, Frans 123
Mathilde, Gfn. v. Saarbrücken (1271–1274) 19
Mecklenburg-Schwerin, Helene v. 81
Mendès-France, Pierre 127, 145
Mengert, Johann 41
Michl, Rudolf 123
Mihm, Philipp 39
Montbarey, Fürst v. 54
Montbarey, Maximilienne de 54, 65
Moritz, Gf. v. Saarbrücken (1664–1666) 15
Morse, Samuel F. B. 65
Motte dit la Bonté, Josef C. 31
Müller, Gerd 132
Müller, Valentin 62

Nagel, Arnold 107
Napoleon III., Ks. der Franzosen 81, 87
Napoleon, Louis 87
Nassau-Katzenelnbogen, Elisabeth v. 25
Neff, Alfred 94
Neikes, Hans 109
Neumeyer, Fritz 104
Neureuter, Hans 117
Ney, Hubert 129

Oberkirch, Baronin v. 54
Oesterlen, Dieter 133
Ophüls, Max 137, 146
Oppler, Edwin 90
Otto II., Herzog v. Bayern 18
Otto III., Ks. 16

Philipp I., Gf. v. Saarbrücken (1381–1429) 23

Philipp II., Gf. v. Saarbrücken (1544–1554) 24, 25, 142
Philipp II., Kg. v. Makedonien 10
Philipp III., Gf. v. Saarbrücken (1574–1602) 15, 25, 26, 142
Piaf, Edith 123
Pingusson, Georges-Henri 8, 119, 120, 121, 127
Pitz, Wilhelm 104
Pius VII., Papst 64
Puccini, Giacomo 104

Raschdorff, Julius 84
Raskin, Adolf 112
Rault, Victor 100, 101
Reger, Max 104
Reinert, Egon 129
Rimbaud, Arthur 89
Rimskij-Korsakow, Nikolaj 104
Ristenpart, Karl 124
Robespierre, Maximilien de 64, 65
Röchling, Familie 65
Röder, Franz-Josef 129
Rollé, Friedrich 53, 56
Rollé, Louis 81
Roth, Joseph 105
Rothschild, Jakob, Baron v. 84, 87
Rückert, Friedrich 74
Ruppersberg, Albert 22, 89, 97, 147

Schellenberg, Buchhandlung 42
Schiller, Friedrich v. 56
Schmidtborn, Kaufmannsfamilie 45, 65, 69
Scholz, Hermann 105
Schönberg, Arnold 104
Schönecker, Hanns 133
Schröter, Friedrich 93
Schumann, Clara 84
Schuster, Fritz 129
Schwarzburg-Rudolstadt, Wilhelmine v. 49, 52
Schwitzgebel, Fritz 109, 114

Sebastian, Ludwig 107, 109
Senf, Jochen 134
Shakespeare, William 104
Siebenpfeiffer, Philipp Jakob 84
Sigebert, Gf. v. Saarbrücken († vor 1118) 18, 141
Simon I., Gf. v. Saarbrücken (1135–1180) 18
Simon II., Gf. v. Saarbrücken (1182?–1207?) 18
Simon III., Gf. v. Saarbrücken (1207?–1234?) 18, 19, 142
Simon IV., Gf. v. Saarbrücken (1274–1307?) 19
Simon, Mathias 77, 79
Singer, Franz Maria 117
Spitzemberg, Hildegard v., Baronin 91, 147
Steinert, Otto 123
Stengel, Balthasar Wilhelm 52, 56
Stengel, Friedrich Joachim 34 ff., 120, 142
Stephens, George W. 101
Stigulinszky, Roland 122
Straus, Emil 123
Stresemann, Gustav 101
Stromeyer, Christmann 25
Stumm, Carl Ferdinand 7, 13, 90, 91, 144
Stumm, Familie 69, 73, 87

Talleyrand, Charles-Maurice de 74

Theoderich, Stiftsherr in St. Arnual 15
Theudebert II., fränkischer Kg. 14, 141
Tietjen, Heinz 104
Tucholsky, Kurt 108

Valentinian (Flavius Valentinianus), Ks. 12

Wagner, Richard 101
Wahlster, Heinrich 117
Wandel-Hoefer, Rena 139
Wedekind, Hermann 135
Weisgerber, Katharina, gen. „Schultzen Kathrin" 88
Weißenbach, Fritz 113
Welter, Ferdi 113
Weszkalnys, Hans 93
Wilhelm v. Preußen, später Ks. Wilhelm I. 81, 89, 90, 94
Wilhelm II., dt. Ks. 94, 97
Wilhelm Heinrich, Fürst v. Nassau-Saarbrücken (1741–1768) 26, 32, 33 ff., 44 ff., 120, 142
Wilhelm Ludwig, Gf. v. Saarbrücken (1627–1635) 26
Wilson, Woodrow 100
Wilton, Sir Ernest 101
Wirth, Johann G. A. 84
Wüst, Philipp 124

Zimmer, Peter 126

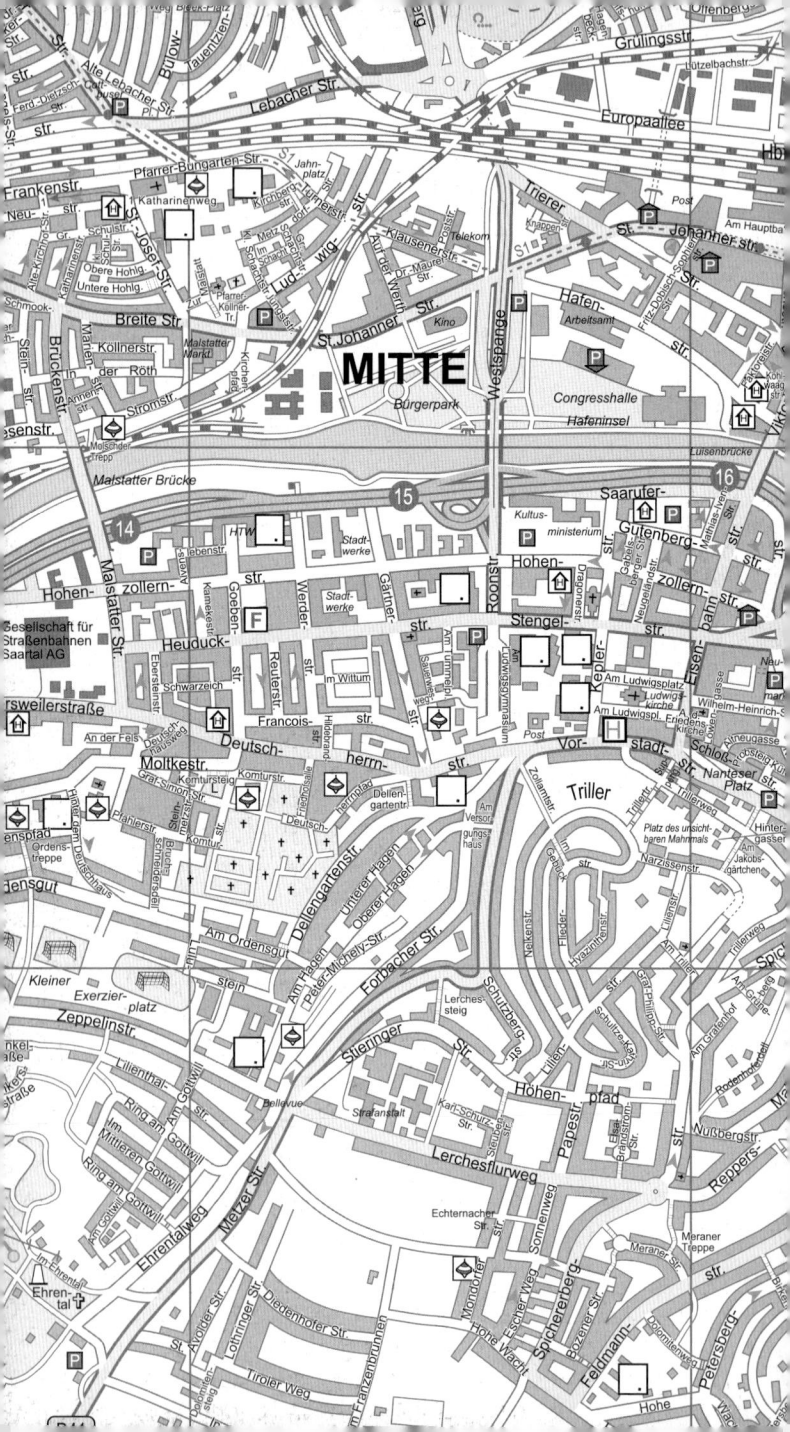

© Vermessungs- und Geoinformationsamt Saarbrücken

Bildnachweis

Hans Bünte: 49, 67, 75, 85, 88, 91, 93, 108, 109
Harald Boockmann / Universitätsarchiv Saarbrücken: 125
Helmut Gräning: 15, 131
http://www.commons.wikimedia.org: 10, 13, 39 (Foto: Lokilech), 46 (Foto: Wolfgang Staudt), 64 (Foto: A. J. Dernbecher), 67
Kloevekorn, Fritz: Saarbrückens Vergangenheit im Bilde. Würzburg, 1934: 21
Manfred Diehl: 106
PantherMedia: 138/139 (Foto: Gabriele T.)
Stadtarchiv Saarbrücken: 20 (U 01), 24 (AK 1095), 95 (AK 81), 115 (GÖ 10-911), 116 (GÖ 1.011)
Stiftung Saarländischer Kulturbesitz, Saarlandmuseum Saarbrücken: 30, 34, 35, 50, 51, 61
Urbanisme en Sarre. Saarbrücken, 1947: 120

Wir haben uns bemüht, alle Copyright-Inhaber ausfindig zu machen. Sollte dies in einigen Fällen nicht gelungen sein, bitten wir, dies zu entschuldigen und um Nachricht an den Verlag.

Jeder Band der *Kleinen Stadtgeschichten*
- bietet einen unterhaltsamen, auf das Wesentliche konzentrierten Überblick über die Geschichte der jeweiligen Stadt von ihren Anfängen bis zur heutigen Zeit
- ist von einem ausgewiesenen Kenner der Stadt verfasst
- enthält eine Zeittafel, ein Register und Literaturhinweise
- ist mit zahlreichen Bildern versehen

Bisher sind folgende Bände erschienen:

Kleine Bamberger Stadtgeschichte
Kleine Bonner Stadtgeschichte
Kleine Braunschweiger Stadtgeschichte
Kleine Düsseldorfer Stadtgeschichte
Kleine Freiburger Stadtgeschichte
Kleine Hamburger Stadtgeschichte
Kleine Heidelberger Stadtgeschichte
Kleine Ingolstädter Stadtgeschichte
Kleine Linzer Stadtgeschichte
Kleine Lübecker Stadtgeschichte
Kleine Mainzer Stadtgeschichte
Kleine Mannheimer Stadtgeschichte
Kleine Marburger Stadtgeschichte
Kleine Münchner Stadtgeschichte
Kleine Passauer Stadtgeschichte
Kleine Regensburger Stadtgeschichte

„Der Leser kennt nach der kurzweiligen Lektüre die wichtigsten Facetten der Stadtgeschichte, ohne von einer Fülle von Details erschlagen zu werden."
Rhein-Neckar-Zeitung über die Kleine Heidelberger Stadtgeschichte